人たらし
プロフェッショナル

人脈は実力を超える
まずは自分のできなさを自覚し
できる人を味方につける

Prologue

プロローグ

この本を手に取って下さった皆さんへ。

はじめまして。ドクターサポート株式会社、代表の岡井秀元（おかいひでゆき）と申します。

突然ですが、あなたが今この世に存在している確率、精子と卵子の数をかけ合わせて、どれくらいの確率で生まれてきたかご存じでしょうか？

僕はこの話を15年前、分析機器のトップメーカー株式会社堀場製作所の創業者及び同社最高顧問・堀場雅夫氏（２０１５年７月死去）が書かれた『イヤならやめろ！ 社員と会社の新しい関係』という書物の中の一節によって知ることになり、自分自身の生き方や〝在り方〟にとてつもなく大きな衝撃と影響を受けました。

それは、「人間１人の命の重みは、何ものにも代えがたい。例えば特定の精子と卵子が出会う確率は、約50兆分の１と言われている。50億の人間が毎年１枚宝くじを買って、１万年目にやっと１人だけ当たるようなものだ。つまりあなたという人間がそこに存在しているだけで、すでに奇蹟なのだ」と。

そうなんや……1日前の父と母のLOVEやったら僕じゃない僕が生まれてきてたんや……。

つまり僕は今、この世に選ばれて生まれてきたこと、「生まれてきた意味は何なのか？」を真剣に考え、そして〝今、生かされていること〟に感謝し、「自分がこの世の中に貢献できる事は何か？」と考えました。そう考えた時に美容の業界に携わっている僕だからできる「多くの女性が心も身体も美しく自分に自信を持ち輝く女性になれるようなお手伝いをしよう！　そしてそんな仕事を通じて自分磨きをしたいと思う多くの女性を雇用できる会社を作りたい！」と考えたのです。

そんな思いを心に秘め、「人が好き。キレイな女性はもっと好き。楽しい事はもっともっと大好き！」を体現する僕のところに、素敵な人々との出会いや素晴らしい仲間との出会いのチャンスがたくさん訪れ、その輪がどんどん大きくなり、今では『ディオーネ』という脱毛専門サロンを全国に120店舗展開する大きな組織となりました。

この本のタイトルにもなっている"人たらし"。

"人たらし"というのは、常に多くの仲間の中心にいて誰からでもどんな世代からでも評価の良い人のことで、その特徴は

一、笑顔を絶やさない
二、目上の人（先輩）に対して礼儀正しい
三、異性の友人からよく悩み事を相談される"聞き上手"
四、仕事でもプライベートでも"お誘い"は断らない
五、微妙な空気の流れも変えることができる人
六、褒め方がうまい
七、お願い上手
八、マメ

など、まだまだたくさんありますが、かわいがられる特徴とも言えます。

そんな『人たらしプロフェッショナル』にはほど遠いですが、少なくとも今の僕の周りには同じ志を持ち、個々の夢、目標、そして会社の使命や

ビジョン、また価値観や行動指針を共にする仲間が大勢集まり現在に至っています。

なので僕の会社では、みんなが〝仕事〟を〝志事〟と捉え、志を持って働いています。それは人に仕える仕事をするのではなく、自分たちの志をもって日々生きること。

この書籍の中で皆さんにお伝えしたい事は「人は自分の身を置く環境や周囲の人々でいくらでも変われるし、成長できる」ということです。まさに僕の人生はこの言葉そのものです。

子供の頃から勉強が嫌いで高卒の僕ですが、その卒業文集の中で「僕はみんなのように大学には行かない。みんなより先に社会に出ていっぱい働いて将来は絶対に社長になってやる！」と書き綴ったことがあります。そんな負け犬の遠吠えとも言える劣等感が僕の潜在意識にずっとあったのかはわかりません。

その思いが形となり、今、こんな会社になりました。しかし、まだまだ発展途上でもあります。

世の中すべて魅力のあるところに人は集まります。会社もそうだし、同性・異性も人間力＝魅力のある人に人は引き寄せられます。そして人が伸びる会社が成長する会社。

この本では、僕が今まで培ってきた人とのコミュニケーションの取り方、モノの考え方、ビジネスの進め方、強い組織の作り方、従業員のモチベーションの高め方などを、時に僕の失敗談や成功談のエピソードを交えながら紹介しています。

ここで一貫して語っているのは、人間1人では何も出来ないということ。独り立ちしている時点では半人前、人に助けてもらえるようになってようやく1人前なのです！

この本を読むことで、少しでもあなたが昨日よりも〝人たらし〟になれることを期待しています。

岡井秀元

人たらしプロフェッショナル　目次

プロローグ……5

第一章　人を惹きつける自分自身の在り方……17

○一生やんちゃ坊主宣言……18

やんちゃ坊主ここに来たり……19

情熱こそが人を動かす……21

○人はなぜ失敗するのか……26

○変えられるものに力を注ぐ……38

矢印を自分に向ける5つの考え方……40

変えられるものと変えられないもの……44

第二章　顧客から愛されるビジネスの育て方 …… 49

○自分の器を超えた仕事をやってみる …… 50
自分の能力に見合わない大役を任されたとき …… 53
新規事業でぶつかった壁 …… 55
"思考"が停止した時の対応策 …… 58
○売れる商品は土壌で決まる …… 60
○語り継がれる商人の教え …… 68
三方よし …… 68
陰徳善事 …… 72
○これからは本物の商品だけが伸びる …… 74
本物の商品との出逢い …… 75
産声をあげる『ディオーネ』 …… 78

第三章　人が集まる組織の作り方

第三章　人が集まる組織の作り方 …… 85
○"任せる"と"放置する"の違い …… 86
ダイヤの原石をスカウトする …… 88
やり方の前に"在り方"を共有する会議 …… 91
○商売人から事業経営者への脱皮 …… 94
商売人と事業経営者の考え方の違い …… 95
両者で異なる結果 …… 101
○人を引っ張らないリーダーシップ …… 103
リーダーシップの本質 …… 104
幸せＢＯＸ …… 108
リーダーシップが組織に成すべきこと …… 111
僕が出逢った強烈なリーダーシップ …… 113

第四章　お金が集まってくる考え方 …… 117
○お金の本質 …… 118
相思相愛の法則 …… 119
「なぜ稼ぎたいのか?」を自分自身に問う …… 120
○みんな貧乏のプロ養成講座を受けている …… 122
幼少期で差がつく事業経営者の素質 …… 123

第五章　編集部取材／岡井秀元と出逢った人たち …… 127
"想い"は伝わる …… 128
1人目　鉄穴英明 …… 130
2人目　緒方奈津美 …… 135
3人目　升谷安菜 …… 138
4人目　岡崎絵理 …… 142
5人目　三吉清美 …… 146
6人目　坂本麻衣子 …… 150
7人目　百合本知子 …… 154

エピローグ …… 157

第一章

人を惹きつける自分自身の在り方

一生やんちゃ坊主宣言

青春時代と言われると、皆さんはいつ頃を思い浮かべますか？　部活動に熱中していた頃、初めて人を好きになったあの日、友だちと喧嘩した夜……その定義は人それぞれだと思います。僕は〝青春〟という言葉を聞くと、〝やんちゃ〟という言葉を連想します。この〝やんちゃ〟は〝快活さ〟や〝大胆さ〟、そしてどこか愛嬌も含まれる、なんともエネルギッシュな言葉と言えます。僕自身、人たらしのプロフェッショナルにはまだまだ及びませんが、多くの人たらしに出会ってきた経験から言うと、人たらしたる人物はみんな〝やんちゃ〟な性格です。一見そう見えない人でも、〝やんちゃ〟な一面を必ず持っています。僕もよく〝やんちゃ〟と言われますが、もちろんそれを褒め言葉として受け取っています。

さて、本書を進めるにあたってまずは僕の経歴をお話しします。１９５９年大阪府茨木市に生まれ、現在57歳。父は日本電信電話株式会社（ＮＴＴ）にて営業職に務めており、母は電話交換手として職務に務めていたので、いわゆる一般的なサラリーマン家庭の息子として生まれました。我が家は「小遣いはあげるけど、生活必需品以外の買い物については自分で工夫してやりくりしなさい」と教える一本筋の通った家庭でした。

1つ変わったことと言えば、母には財形の才覚があり、当時の土地バブルの波に乗って家を転売していくという豪腕を発揮し、我が家は引っ越しを重ね、どんどん家が大きくなっていきました。そのしわ寄せで僕と妹は小中学校での転校が4回もあり、同窓会などはどこに顔を出してよいかわからないぐらいなので、1度も出席したことはありません。

やんちゃ坊主ここに来たり

幼少時代の僕は親の言うことを全く聞かない子で、近所でも有名なやんちゃ少年でした。定期的にトラブルを起こし、連絡を受けた母が学校に急行、下校途中で捕まって「ひでゆき！　何したんやあんたは！」とげんこつをもらう、というギャグ漫画ばりの日常を繰り広げていました。

いたずらが過ぎた小学校3年生のある日、とうとう滅多に怒らない父親の逆鱗に触れてしまい、ゴザで巻かれて手足が動かせない状態にされ、車で茨木堤防に捨てに行かれるという事件がありました。あまりのことに僕は「ごめんなさい！　許してください！」と泣いて謝ることしかできませんでした。ただ残念ながら何をして怒られたかは全く覚えていません。これは”嫌なことはすぐ忘れる“という僕の美徳の1つです。いたずらのエピソードについては枚挙にいとまがありませんが、ここで紹介するにそぐわないものも多いので、割愛させて頂きます。

やんちゃ心が芽生え始めた４歳の僕。乗り物好きはこの頃から。いっちょまえにオーナー気取りです。

そんな僕でも甲斐性にあふれた一面も持っていました。小学校4年生のある日、学校で授業を受けていると突然教室のドアが開き、妹が中に入って来ました。そして「お兄ちゃん、忘れ物をした」と泣くのです。同級生の前で妹に甘えられると恥ずかしそうなものですが、僕は女性の涙に弱いので、「大丈夫や！　お兄ちゃんが取りに帰ったる！」と自分の授業をほっぽり出し、大急ぎで妹の忘れ物を取りに帰りました。単純に授業を受けたくなかった可能性もありますが、記憶が曖昧で、その時の忘れ物が何だったかも覚えていません。”人にしてあげたことはすぐ忘れる“、これも僕の美徳の1つです。

実を言うとこの話自体すっかり忘れていましたが、僕の披露宴のスピーチで妹がこの話をしてくれたのでした。この時のほうが照れました。

情熱こそが人を動かす

中学校2年生の2学期だったかと思います。クラスで1番勉強ができるが、そこまでイケメンではない（むしろ不細工に属する可能性すらある）林君（仮名）が学校にフォークギターを持ってきました。学校の自由度が高かった当時を考慮しても学校にフォークギターを持って来るのは異例であり、クラス中の視線が林君に集まりました。そして給食の後片付けを終えたお昼休み、おもむろに林君がギターを弾き始めたのです。あっと言う間にクラス中の男子女子が彼のまわりに集まり、当時人気のあった井上陽水や吉田拓郎が演奏される度にクラスメートは阿鼻叫喚、林君は一躍人気者になりました。

当然その状況が面白くない僕は、家に帰るなり母に「ギターを買ってほしい」とお願いしましたが、ギターは生活必需品ではありません。案の定、あっさりと断られました。そうなるともう自分で買うしかありません。どうすればギターを手に入れられるのか、その方法を模索しました。

そこでまずはギターを実際に見に行くことにしました。欲しいものは実際に目で見て、体験してみてリアルに手に入った状態をイメージすることが、夢を実現するコツと言いますが、当時の僕はそんなことは知りません。ただ他に思いつくこともなかったので、足を運んだだけです。

近所にある楽器店あこや楽器で色々物色していると、当時１２０００円のスズキのフォークギターに目を奪われました。そして思わず店員のお兄さんに「大晦日に必ず買いに来るからこのギターを売らんと置いといてほしいねん。お願い！　お兄ちゃん！」と掛け合ったのでした。

店員のお兄さんははじめびっくりしていましたが、僕の剣幕に気圧されたのか、最終的には了解してくれました。今考えると中学生の男の子が１人で来て、何の保証もなかったにも関わらず、よくＯＫしてもらえたものだと呆れてしまいます。

誰かにギターを買われてしまうことは絶対に避けたい、その一心でこう言いましたが、購入費を工面するあては全くありませんでした。もうすぐ冬休みなので短期で稼げるアルバイトを探す方法もありましたが、中学生では雇ってもらえるところなどほとんどありません。検討の結果、当時住んでいた高槻の駅前にある酒店に足を運び、「ここで働かせてほしい！」と直談判しました。

実はこの時、酒店はアルバイト求人誌に募集をかけておらず、店舗前に求人のチラシすら出していない状況でした。しかし僕は、年末で一般家庭や飲食店への酒類配達の需要が伸びると思っていたので、必ず人手は必要になると踏んだのでした。もしそうであれば、店側としても求人にコストをかけることなくアルバイトを1人雇えることになります。酒店が求人広告を出した後だと僕以外にも応募者が現れるので、年齢制限のある僕が選ばれることはないでしょう。今動くことが1番成約率を高めるはずだと、お店に急行したのです。

そしてなんとかお店の方にも了承頂いたのですが、年齢上直接アルバイトのお金はもらえないので、お手伝いの代わりとして欲しいものを買ってもらえることになりました。もちろん僕の欲しいものはスズキのフォークギターです。

大晦日の午後、一週間分の対価としてギターを受け取った時の喜びは相当なものでした。あこや楽器のお兄さんは僕を見るとにっこりと微笑み、裏からスズキのフォークギターを取り出し、僕に手渡してくれたのです。そして、「よう頑張ったな。これはお兄ちゃんからのお年玉やで」とプラスチック製のギターケースを一緒に贈ってくれました。

年が明けた1月2日、僕は買ったばかりのフォークギターを持って林君の家を訪れました。そして「明けましておめでとう」の挨拶が終わらないうちに「僕にもギターを教えて！」

と満面の笑みでねだったのでした。
元来の手先の起用さが活き、ギターのコードもすぐに覚えて、演奏の腕はめきめき上達していきました。『禁じられた遊び』をアルペジオ奏法で弾き、井上陽水、吉田拓郎、アリスなど、人気絶頂のアーティストの楽曲を次々と会得していきます。そして来たる3学期。意気揚々と教室にギターを持参した僕は、弾き語りを披露しました。僕を囲む同級生、女子の黄色い声援、ギターが奏でる音色に僕のセクシーボイス。そしてそこには林君の苦い顔がありました。

僕を知っている人は、これを読んで思うはずです、全然変わってないなと(笑)。そうです。僕自身、驚くほど中身はあの頃のままです。ここで挙げた小学校時代の僕、中学校時代の僕、そしてこの後には高校時代の僕と社会人の僕が続いていきます。どの時代の僕も好奇心旺盛で何にでも首を突っ込み、大きなポカもやらかしてきました。飲食店の厨房勤務時代、新人離れした包丁さばきでキャベツの千切りを人一倍量産し、人一倍怪我をしていました。アイル

部下の披露宴で長渕剛の『乾杯』を熱唱する28歳の僕。培ったギターの腕は鈍っていません。

トン・セナ並みのコーナリングを披露し、一生懸命お金を貯めて購入した車を峠であっけなく大破させました。どれも大切な人生の1ページですが、あいにくページ数には限りがありますのでここでは割愛させて頂きます。

サミュエル・ウルマンの『青春』という詩の冒頭に次のような言葉があります。「青春とは人生の或る時期を言うのではなく、心の様相を言うのだ」。これが真実であるならば、僕はいま青春時代を過ごしていると言えます。おそらくこの本を手に取ってくださっている人は僕より歳の若い人が多いと思いますが、皆さんの青春時代はいつですか？　答えはこうあってほしいと思います。それは今です、と。

やんちゃの極み。免許を取ってからは愛車で通学していました。髪型と体形こそ違えど、中身はあの頃のままです。

皆さんには無限の可能性があります。自分の想い次第で何にだって挑戦できます。僕自身こうやって自分の意見を本にすることも出来るし、皆さんも好きな本を手に取って読むことが出来ます。だからこそ丸くならず、やんちゃに人生を謳歌してください。僕自身、一生やんちゃであることをここに宣言します。

人はなぜ失敗するのか

僕はこれまでたくさんのビジネスに挑戦し、たくさん失敗し、時にうまくいったり……という経験を繰り返してきました。その過程で辛いこと、気持ちが折れそうなこともありましたが、その気持ちを忘れず、糧にしてきたからこそ今の僕があると思っています。

僕のまわりにも夢を追う若者がたくさんおり、そんな彼らと話をする機会が多々あるのですが、「失敗しないためにはどうすれば良いですか？」という質問をよく受けます。個人的には「失敗を恐れず前に進め！」と言いたいところですが、個人個人の性格もあると思うので、今回はこのテーマに沿って話をしたいと思います。確かに成功するためには、**「人はなぜ失敗するのか？」「どうすれば失敗をしないのか？」この要因を解き明かすことがかなり重要です。** 失敗をする理由がわかればそれらを避けることができ、自ずと成功する可能性を高めることができるからです。

失敗をする人には共通点があり、ロジカルに言うと次に挙げる４つがその主な理由ではないかと思います。

1 目標がない

まず1つ目の共通点ですが、失敗する人は総じて目標がありません。

「いやいや、そんなことはない！　自分は将来、企業の社長になるんだ！」と鼻息の荒い学生さんがいますが、これは目標ではなく夢です。目標とは、**「実現可能性のある、将来実行される可能性の高い」**事項に使うべき言葉なのです。

イメージとしては目標とは予約に近い言葉だと思います。あなたが友人とレストランに食事に行く時、海外旅行に飛行機で行く時、またはホテルで宿泊する時、事前に電話やインターネット等で予約をすることがあるかと思います。この時、その予約した行動を履行しない（実現しない）可能性はどの程度でしょうか？　具体的な数字を細かく計算している人は少ないかと思いますが、肌感で「5回に1回ぐらいはキャンセルするかもしれないけど、だいたい実現しているなぁ」というレベルだと思います。

ただし僕の場合、女性とレストランに行く際はキャンセル率が跳ね上がる、などの個人差が出ますが、ここでは無視するとします。

この予約という行動を取る際、必ず必要になってくるのが一般的に5W1Hと言われる「Who＝誰が」「Why＝なぜ」「When＝いつ」「Where＝どこで」「What＝何を」「How＝どのように」です。

具体的に行動を見ていきましょう。仮に温泉旅行をイメージしてみてください。

まず「Why＝長期休暇が取れてリフレッシュしたい」ので「Who＝妻と」「What＝温泉に行く」という目的ができます。そして「When＝（長期休暇が取れた）来週末」を目指して「Where＝どこの温泉宿が良いか」を決めます。そこまで決めると、後は「How＝どのような手段で行くのか」、例えば車で行くというのを決めて、温泉旅行が実現する訳です。

特に意識していないかもしれませんが、このような行動になるのではないでしょうか？行き先がたとえ海外旅行であっても、レストランでの食事であっても、この基本的な行動の流れに大きな変化はありません。

予約と目標は近いイメージを持つ言葉であると始めに述べましたが、目標というのは予約よりも強くこの5W1Hを意識して設定する必要があります。なぜなら皆さんの人生において、**"目標を立てること"は"予約を取ること"ほど頻繁に行われないからです。**予約を取る時は、なんとなく誰と行くかを決めて、場所を決めて、日時を決めて、電話番号を調べて……など、具体的な行動が頭に浮かびますが、こと目標となると、何から手をつければ良いかイメージしづらいのです。ここに目標がなかなか達成されない答えがあります。

目標を達成するためには、**「将来実行される可能性」が高くなるまでイメージや行動を具体化しておく**必要があるのです。

さらにこの一連の行動に一つ一つ優先順位を付けた時、**最も大切になるのが「When＝いつ行うのか」すなわち"目標を達成する日付"を設定する**ことです。目標を達成する日付を先に決めておかないと、目標から逆算して今何をするべきかを判断するのが難しくなりますし、また、困難にぶつかった時に目標を先送りにしてしまう可能性が高まってしまいます。

特に困難にぶつからなくても、「行きたいなぁ、また行こうよ」と口約束だけで日付を決めず、そのうちそのうちと結局実現していない……こんな経験あなたにもありませんか？

ですので、失敗しないためには目標を設定し、その目標を達成するための日付を決めることが何より重要で、その後どのように実現していくのかを考え、行動する事が大切なのです。

2 「できない」と決めつけている

2つ目の共通点ですが、失敗する人は「自分にはできない」「自分にはやれない」とはじめから決めています。

幼少期に親から褒められた、運動会の徒競走で一番になった、部活動で優秀な成績を残した、告白でOKをもらったなど、これまで過ごしてきた家庭や学校、社会活動の中で成功体験を得て来られなかった人がこのように考える傾向がありますが、これはとても勿体ない話です。なぜなら今までの人生がたとえ本人の納得できない実績だったとしても、この先もずっとそうかというと、決してそうだとは言い切れないからです。

ある物事について"できる"“できない"の結果を分ける最も大きな要因は、**個人の能力や環境ではなく、一番はじめの"やる"“やらない"の判断で"やらない"ことを選択する、この一点です。**

もちろん「物事を成し遂げる」「やりきる」「できた」という成果まで持っていくことを考えると、個人の能力や周りの助力、環境、タイミングなど様々な要素が絡んできますが、それは"やる"と決めてチャレンジが始まった後の話です。"やる"と決めることは誰にでもできる、誰もが生まれながら持っている素質だと僕は思います。

僕は、日本にはとても多くのチャンスがあり、その機会が平等に与えられていると思っています。日本では、アイデアがあればそれを実現する環境が整っています。「資本金がないと始められない」「まだ勉強が足りない」「人手が足りない」など、いくつかハードルもあるかと思いますが、バングラディシュやソマリア、エチオピアの貧困層で暮らす青年たちと比べたら次元が違います。そんな恵まれた環境にありながら、いとも簡単に〝できないからやらない〟と決める人が如何に多いことか。本当は**〝できないからやらない〟のではなく、〝やらないからできない〟のです。**

〝できない〟の同意語としても使われる〝無理〟という言葉があります。これは〝理（ことわり）が無い〟と書きますが、〝理（ことわり）〟とは、〝物事の筋道〟を意味します。あなたにとっての〝物事の筋道〟とは、もちろんあなたがこれまでに辿ってきた人生から導かれる結論なので、この結論に沿って選択を続けると当然あなたの未来は今まで歩んで来た延長線上にあることになります。あなたの描いた理想の未来は現在の延長線上にありますか？　違うと感じた方は小さなことでも良い、今すぐ行動を変えるべきです。あなたの今まで培ってきた人生経験から導かれた〝理〟の外にあること、〝無理〟だと思っていたことにチャレンジする。それが成功への第一歩だと思います。

3 言い訳をする

３つ目の共通点ですが、失敗する人は総じて言い訳をします。個人的にはこの言い訳が最も根が深く、人の成功を妨げ、失敗へ導く原因であると思っています。

そもそも何故人は言い訳をするのでしょうか？　頭をフル回転させ、緊張し、冷や汗をかきながら、必死になって言い訳をしている人を見ると、皆さんも思うのではないでしょうか。

なぜ言い訳をするのか？　それは言い訳にはメリットがあるからです。**言い訳をすると、できないことを正当化できます。**つまりやらなくて済むのです。

仕事先で上司から指示があった時、同僚から頼み事をされた時、あなたの頭に一瞬よぎる「あぁ、面倒くさい……」。やらずに済ませたいけれど、もちろん面倒くさいという理由をそのまま伝える訳にはいかないので、今できない理由を並べ立て（これが正当化）、認められればその行動を回避することができます。面倒なことを避けられた、楽だ、これはメリットですよね。しかし事はそう簡単ではなく、その代償として失っているものもあります。それは上司や職場仲間からの〝信用〟〝信頼〟、代わりに職場仲間や友人たちからの”協力“、突き詰めると”友人“、そして自分の目標に対する言い訳をしてしまった場合の”自分の理想とする人生“”富“”家族“などをも失ってしまう可能性があるのです。「今の些細な行動で将来がそこまで変わるのはちょっと大げさでは？」と思った方は”バタフライ効果“という言葉を調べてみてください。現在と未来のこのギャップが生じるのは、未来が遠い先にあるため、今この決断が未来にどのような影響を与えてしまうのか、わかりづらいことに原因があります。物事を決断した時、将来の理想の自分に近づく決断だったか、そうではなかったか、今の自分ではなく将来の自分目線で問いかけてみましょう。

次に、もしこれを読んでくれた皆さんの中で、自分は言い訳などしていない、と思う方がいらっしゃるかもしれませんが、その時は自分が本当に言い訳をしていないかどうか、次の言葉を使っていないかチェックしてみてください。

”時間がない“”お金がない“”向いていない“”妻、夫が許してくれない“

これらは一見、正当な理由として受け入れられそうですが、実はそうではなく、言い訳です。

”時間がない“ということは、この先映画を観たり、本を読んだり、友人と飲みに行くような時間も取れないのでしょうか？　大好きなアーティストのＬＩＶＥチケットを手に入れたとしたら、どんな方法を使っても時間を捻出するのではないでしょうか？　自分の時間がないという理由だけでもう一生そのＬＩＶＥに行かない、と決断することはないはずです。

”お金がない“。ある行動にお金がかかるとしてそれに支払うお金がない、と諦めた時、この先その金額を越える買い物はしないのでしょうか？　会社帰りに寄ったデパートで洋服を衝動買いしてしまった、コンビニで買う予定ではなかった雑誌やお菓子を買ってしまった、このような行動を取ることもあったはずです。これらの行動を何回か繰り返すと、費用を捻出できる可能性はありませんか？

”向いていない“と考えた時、どうしてやってみる前から向いているのか、向いていないのか判断できるのでしょうか？　少なくとも不特定多数の誰かが同じ事柄に挑戦し、みんながやっている程度に練習や勉強を複数年重ねたにも関わらず自分だけが伸び悩んでしまう、そんな状況ならまだ理解できますが、半年程度続けただけで向いていないと決めつけるのは早すぎます。

”妻や夫が許してくれない“と考えた時、この先自分の行動は全て配偶者の意思決定によって為されて行くのでしょうか？　本当に欲しいもの、やりたいことがあれば、認めてもらえるよう説得を試みるはずです。

結局のところ、これらの発言をする真意は**「そこまでしてやるほどのことでもない」と自分の中の優先順位が低いだけ**なのです。これらの言葉の根っこに〝不安〟〝恐怖〟〝面倒〟という感情があり、〝やる〟と決めきれないだけなのです。

人生は楽しいこと、楽なことだけではなく、つらいこと、面倒なことも繰り返し経験します。ただその大変な行動の中に大切なものとそうでないものが混じっており、ある程度年数が経たないとどの行動が大切なことであったのか、その結果が分かりません。だからこそ若い頃は〝イエスマン〟を目指すべきなのです。ここで言う〝イエスマン〟とは上司や親の言うことを否定しない太鼓持ちのような存在ではなく、まず「はい！」と声を出し、何にでも興味を持ちやってみる、そういった存在を指します。

言い訳をせずやってみること、小さな一歩ですがまずはこれだけでもまわりからの見られ方が変わるのではないでしょうか。

4 誠意がない

4つ目の共通点ですが、失敗する人は往々にして誠意を感じられない人物であることが多いです。

最初は仲良くしていても、"約束を守らない""陰口を言う"などしばしば誠意の欠ける言動が散見され、人が離れていってしまうのです。人に誇れるような能力を持っていない、自分には何もできることはないと思っていても、誰かを助けたいと考えたり、誠意ある姿勢で人に接したりすることはとても重要です。むしろ何もない自分だからこそ誠意ある姿勢を持つことがより重要だと思います。"人たらし"と慕われる人は、この「相手の力になりたい」という気持ちを強烈に抱いているため、周りが驚くほど誠心誠意、他人のために尽くしています。

ただ誠意を持って人に接しようとしても、人たらしと慕われる人のレベルで行動するのも難しいところがあり、僕自身もどこまでやれているのか自信もないので、例えば、"約束した時間に遅刻しない""提出物の期限を守る""嘘をつかない"など意識するだけで実践できる簡単なことで良いと思います。誰もができることだから、その心がけを積み重ねることに意味が生じ、徳を積むことができます。そうすればいざという時に、必ず誰かがあなたを助けてくれるのです。

米国のゼネラル・エレクトリック社にて1981年から2001年まで最高経営責任者を務め、フォーチュン誌で20世紀最高の経営者とも呼ばれたジャック・ウェルチ氏の言葉でこういうものがあります。「会社の営業成績は優秀だが、組織に非協力的で個人主義な人物」と「会社の営業成績はそれほど優秀ではないが、組織に協力的で誠意ある人物」のどちらかを解雇しなければならない時、後者を残すべき、という言葉です。これは、**誠意や真心、高潔であることが営業成績を上回る価値があることを示しています。**これらの美徳があれば、個人での成績は振るわなかったとしても、まわりの助力が得られ、チームとして良い成績を上げ、結果として会社の利益を最大化させる可能性があるからです。

僕がここに挙げた4つの失敗する原因を全て備えた人が成功しているのを見たことはありません。一時的には宝くじが当たるなどのラッキーパンチで成功したと言う人が出てくる可能性もありますが、〝成功し続けること〟、具体的に言うと健康が長く続くこと、愛する人といつまでも側《そば》にいられること、安定したビジネス収益が得られることなど、継続性が大切です。是非今日からこの4つの原因を意識して、成功へ歩み始めてください。

変えられるものに力を注ぐ

この本を手に取ってくれているあなたの年齢が今何歳なのか僕にはわからないですが、仮に30歳だとしましょう。30歳ともなると、これまでに色々な経験をし、中にはとてもつらい思いをした人もいるかもしれません。同級生にいじめられていた、目指していた大学の受験に失敗した、面接で自分を出せず第一志望の会社に入社できなかった、結婚を考えていた彼氏彼女に振られた、早くに親を失くした、など……

過去に起こったこれらの出来事は変わらない事実として存在していて、いくらその出来事を悔やんでも消えることはありません。もっとできることがあったのではないか、そう考える気持ちにも共感できますが、その出来事をやり直すことはできないのです。ここで皆さんに知っておいてほしいことがあります。

それは、**過去は変えられない、**ということです。

こうおっしゃりたいですよね。当たり前やないか、と。そう、このことは常識としてほとんどの人が知っています。ただ本当の意味でそのことを理解している人は少ないのではないか、と僕は思っています。もし本当に過去が変えられないと考えているのであれば、いつまでも過去に目を向け、悔やんでいても仕方がないと切り替えるはずです。過去にあった出来事を振り返り、時に反省し、次は同じ結果にならないように方法を変えてみる、そのために過去はあります。つまり**過去とは悔やむものではなく、糧にするものなのです。**

過去を糧にし、姿勢を変え、違う結果を生むことは未来を変えるということです。あなたの人生をより良いものにするために、エネルギーを燃焼させることも大事ですが、そのエネルギーを注ぐ対象もしっかり見定めないといけません。あなたがエネルギーを注ぐべき対象を一言で言うと、**変えられるものに力を注ぐ**ということです。

そしてここで、とても重要なことを皆さんにお伝えします。

過去と他人は変えられないが、未来と自分は変えられる。

これは僕の過ごしてきた昭和の時代から皆さんが過ごしているこの平成の時代、あらゆる人間関係、ビジネスにおけるコミュニケーションの場で通用する考え方です。先ほど過去は変えられないと言いましたが、それと同じレベルで他人の考え方も変えることはできないのです。

矢印を自分に向ける5つの考え方

他人の考え方を変えることはできないと言いましたが、具体的に言うとどういうことでしょうか？

例えば職場でどうしても気が合わない同僚がいたとします。彼は偉い上司に対してはおべっかを使って上手く立ち回りかわいがられていますが、同僚女性を見下して仕事を押しつけるので、女性たちからは嫌われています。そしてある日、あなたは彼からまた仕事を押しつけられる機会がありました。そんな時、あなたはこう思いませんか？「なぜこの人はこんな嫌な性格なのだろう」「どうして自分でやらないのだろう」「やり方を変えた方が良い」etc……

これが他人の考え方を変える、変えようとする、ということです。全て矢印が相手に向いています。これだと過去を悔やむことと同様、意味がないのです。

ではどうするか？　それは**矢印を自分に向けること**です。僕がそういった好きになれそうにない方に出会った時、意識する5つの考え方があります。それは、女性のココロとカラダを魅了する下着の製造会社として10年で急成長を遂げ、年商１００億円を達成している株式会社グラント・イーワンズ代表取締役、稲井田章治社長から教えてもらった考え方です。

1 世の中にはいろんな人がいる

世界の人口は今や73億人を突破し、196もの国家が存在します。育った環境は人それぞれ、いろんな考え方があって良いと言うものです。そういう風に考えると、今隣りにいるその人も自分と価値観が異なって当然なのです。**同じで当たり前、ではなく、違って当たり前、**なのです。むしろ違いを楽しみましょう。

2 我慢するのも仕事のうち

仕事に必要なのは忍耐です。僕は飲食業からビジネスのキャリアを始めましたが、それはもう我慢することの連続でした。先輩、お客さまから罵声を浴びせられることも日常茶飯事、今の過保護な社会には刺激が強すぎて本に書けないようなこともたくさんありました。こういった経験を積み重ねたことで、人間として一回り大きくなったとも言えます。ここは我慢する場面なのだ、と自分に言い聞かせてやり過ごしましょう。

3 あの人にもきっと良いところがある

社会生活を送る人はだれでも複数の役割を持つと言われています。会社にいる時の自分、友達といる時の自分、家族といる時の自分など、それぞれのコミュニティにおける自分の役割を自然に演じているとも言えます。あなたの前では嫌なふうに映っているその人も、家に帰れば妻と子供から愛される良きパパかもしれません。この言葉を当てはめ、彼が人に親切にしている場面や愛する人と一緒にいる時の場面を想像してみましょう。

4 良い時もあれば悪い時もある

人は感情に左右される生き物です。機嫌が良い時は笑顔が絶えず柔らかい雰囲気な人であっても、機嫌が悪くなるとぶっきらぼうで横柄な態度をとってしまうことがあります。自分自身に置き換えても、思い当たる節があるのではないでしょうか。その人もたまたま嫌なことが起こり、機嫌が悪くなっていただけかもしれません。機嫌の良さそうな時に話しかけてみましょう。

5　これは自分の成長につながる

先ほど仕事に必要なのは忍耐と言いましたが、忍耐強さは人生においても大切な要素です。嫌な態度で接して来られた時は、これは自分の忍耐強さが試されている、忍耐力を鍛えるチャンスだと前向きに受け取りましょう。

自分に矢印を向けるこの5つの考え方が行動に反映されてくると、それがあなたの品格としてまわりの人を惹きつけるようになるのです。仕事で、家庭で、普段の生活の中で頭に血が昇りそうになった時、この5つの考え方を実践してみてください。

変えられるものと変えられないもの

「変えられるものに力を注ぐべき」と冒頭から言っていますが、過去と他人以外に変えられないものはあるのでしょうか？ もちろんあります。僕が思いつく代表的なものを紹介します。

宿命と運命

宿命とは、〝生まれつき宿っている命〟のことで、どの両親の子として生まれるのか、男として生まれるのか、さらに言うと人間として生まれるのかなどが宿命です。当然ですが宿命は生まれてきた時に既に定まっているものなので、変えられません。

反対に運命は〝運ぶ命〟と書くように、生まれてから自分で経験して、加えていく道のりのことです。運命はあなた次第で変えることができるので、努力を惜しまず精進するべきです。

変えられないもの	変えられるもの
宿命	運命
感情	考え方
生理的反応	行動
一日の時間	一日の時間の使い方、質

感情と考え方

子供の時に悪さをして親にぶたれた経験がありますか？ 今時だともしかするとその経験がない人もいらっしゃるかもしれません。僕が子供の時はやんちゃをして近所のおじさんにもよくぶたれていたものです。このぶたれた時の感情に注目してみると、まず〝痛さ〟を感じて、〝辛さ〟〝悲しさ〟〝恐怖〟〝怒り〟といった感情が生まれると思います。その瞬間的に生じる感情をコントロールすることは非常に難しいです。例えば骨を折った時、〝痛み〟を我慢することはできるかもしれませんが、〝痛くない〟という状態でいることは不可能です。

ある経験をした時、感情をコントロールすることは難しいですが、それを〝どのように捉えるのか〟といった考え方は自分自身で決定できます。先ほどの親にぶたれた経験も、自分のことを心配して叱ってくれているのだと考えると、その後の自分の態度も成長速度も変わってきます。

生理的反応と行動

”お腹が空く“”眠くなる“”トイレに行きたくなる“などの反応は生理的反応と呼ばれ、変えることは難しいです。ただその反応に対してどのように行動するかは自分自身の手に委ねられています。

時間と使い方、質

1日24時間という時間は増やすことも減らすこともできません。富める人にも病める人にも平等に与えられています。ただし、その使い方は自分で決めることができます。その使い方の質が高ければ、他の人にはできなかった成果を出すこともできるのです。

あなたに残された時間は無限ではなく、有限です。時間はあなたの本当に必要な事に使うべきです。

時間が有限である以上、どんなに頑張っても変えられないものに力を注ぐのではなく、変えられるものに力を注いでください。オフィスの雰囲気が暗く、同僚や上司が険しい表情でパソコンと睨めっこ、その居心地が悪い状況を友達に愚痴る時間があるなら、真顔を笑顔に変えて、いつもより3割増の元気な声で挨拶をしてみるのはどうでしょうか？そこから何かが変わっていくかもしれません。

第二章

顧客から愛されるビジネスの育て方

自分の器を超えた仕事をやってみる

ここで仕事とは切っても切り離せない〝営業〟についてお話したいと思います。僕は、営業マンとは水鳥《みずとり》のようなものだと思っています。水鳥とは、水辺に生息する鳥の総称で、水上を優雅に泳いでいるように見えますが、水面では指の間の水かきを目いっぱい広げて、すごい早さで必死にかき続けています。そう思うからこそ、人様の見ているところでは笑顔を絶やさず辛い顔も見せず、見えないところで一生懸命頑張る、というスタイルを僕は貫いてきました。**営業の数字を上げるためには、どのぐらい本気になって数をこなせるかだと思います。**公式にすると以下のようになります。

数×情熱＝営業成績

僕がまだサラリーマンだった頃、教材販売の営業会社に勤めたことがあります。営業の仕事が好きで、求人情報誌で営業職の仕事を探し、目に留まったのが高校受験のための学習教材を販売する会社でした。

当時は一般家庭への飛び込み営業が主体でしたが、僕は持ち前の元気さだけを武器に誰よりも多く数をこなしてきました。

そんな努力の甲斐もあり、27歳で営業所の所長に抜擢されました。後になって聞いたのですが、上司が僕を所長に推薦してくれた時、社長からは猛反対されたそうです。というのも当時の僕は随分な気分屋で（今もかもしれませんが）、ノっている時は脇目も振らず仕事をガンガンこなし、平均の2倍3倍の成果を上げますが、やらないときは一週間ぐらいろくに数字も上げず、ぷーたらしている時がある人間だったからです。ただ、上司は僕の陰ながらのやる気や努力を認めてくれていて、最終的には社長の反対を押し切って僕を所長に推薦してくれました。

そんな上司の期待に応えるべくがむしゃらに働いていた中、グループ全体では関西圏中心だった営業所を47都道府県全てに作ろうという動きが加速し、どんどん新規店舗ができていきました。しかし人材不足や教育プログラムなどの体制が整っておらず、そのうち新しくできた店舗の中で営業成績が振るわない店舗がちらほらと出てきました。

そんなこともあり、僕が数字の伸びてない店舗を立て直しに行く役割を任されるようになりました。自分の受け持つ店舗の数字が上がっていることは理解していましたが、特にノウハウを持っていた訳ではなく、何から始めて良いかわからない状態でしたので、とりあえずスタッフさん全員とコミュニケーションをしっかり取れば良いか、くらいの軽い気持ちで臨みました。

しばらくオフィスにいると、そのうち所長とスタッフの人間関係がぎくしゃくしてるとか、このスタッフ同士は仲が良さそうでそうでもないとか、色々な人間関係がわかるようになりました。ですので、そういう時はしばらくの間そちらの店舗だけに出勤してみんなの気持ちを引き出したり、時には寮に入って1、2日、寮生と共に寝泊まりして、色々なアドバイスをしたりなどしていました。そこでなんとなくですが僕を慕う人間が1人、2人と増え始め、チームの親分的役割を担うようになった頃には業績が上がり出しました。

同じやり方で業績が向上する店舗が増えるにつれ、営業成績は数×情熱に比例するのだということが実感できてきました。スタッフのみんなをもっと良く知りたいという情熱が就業時間関係なく僕を突き動かしましたし、みんなに内心、面倒くさいと思われるぐらいコミュニケーションも重ねていたからです。

自分の能力に見合わない大役を任されたとき

遂に北は北海道から南は沖縄まで全国に50ヶ所の営業所が設立されたのですが、これまで本社一括で人・モノ・お金を管理していた体制に無理が出始めました。本社の人間は、全国からＦＡＸされてくるオーダー用紙の束を処理するだけでも一日の業務量を超えるという大変な状態でした。

そこで全国、８大都市に同機能を持つ支社体制を作ろうとする動きが出ました。北海道、仙台、北関東、東京、名古屋、大阪、中国、九州です。そしてそれらのモデルとなる一番目の支社を東京に作ることになり、そこの初代支社長として僕が任命されたのです。

正直言ってそんな大役が勤まるのか、大阪人の僕が東京で勝負になるのか、不安で仕方がありませんでした。当時この営業店舗の拡大に尽力した人間が僕を含めて7名おり（今で言う神セブンのようなものでしょうか）、僕が思うリーダー像に適した人間も僕以外の6名の中に何人もいました。しかし僕がその6名からも推薦されてしまったのです。

ここで断ったら男がすたる、ある段階で覚悟を決め、新チームの人選も終え、上京しました。東京に向かう新幹線の中で武者震いしていたのを今でも覚えています。余談ですが、この時スーツの腰に巻いていたお気に入りのクロコのベルトは、大阪のみんなからプレゼントされたもので、「腹くくって東京で大活躍して下さい」という言葉が添えられていました。

立地場所や事前調査も僕に任されていたので、利便性を考慮し西新宿5丁目にオフィスを構えました。設立当初から僕の頭にあったのは、何よりも早く優秀な人材を育ててあげることでした。もし人が育たなかった場合、重要な経営判断は僕一人で全てを行う必要があり、とてもやりきる自信がありませんでした。

そこでオフィスを2フロア借りて、新宿東営業所と新宿西営業所に分けました。そして磨けば光る将来性のある人間2名を各営業所のトップに据え、競争原理を働かせたのです。

これが2人の負けん気に火をつけることになり、数字がぐんぐん上昇し、僕も東京支社に続く次の支社作りをしつつ、彼らのフォローにまわることで良い循環が生まれ、結果として東京支社はこれ以上ないくらい順調に滑り出しました。

新規事業でぶつかった壁

2年ほど経過し、東京支社も順調に推移して8大都市の支社立ち上げも完了したある日、突然社長から呼び出しがありました。学生時代からの経験上、上の人から呼び出される時は決まって怒られる時だったので、ドキドキしながら社長室を訪れました。そこで開口一番、アルカリイオン水を販売する新規事業を立ち上げるのでその陣頭指揮を取ってほしい、と言われました。

今でこそ酸素水や水素水などで水への関心も高まっていますが、当時は水に対する意識がそれほど高くなく、浄水器をつけている家がたまにある程度でした。ただこれからは健康産業の時代が来て、水に関する関心も高まることや、アルカリイオン水のメリットなどを社長から直にレクチャーを受けるにつれ、その内容に感銘を受け、やる気になってしまいました。

販売方法や仕入れの流れなど仕組み作りから任されてしまったので、その仕組みを1つ1つ決めていきつつ、同時に企画のできるメンバーも各営業所から選抜され、短期間で新規事業チームができました。

今回は運の良いことにオフィスを用意してもらったのですが、それがまた大阪の150坪もあるフロアで、バブルの頃と重なり家賃も月に300万円！　調度品も外国製、数千万円する大理石で大きなカウンターコーナーが作られているような、ちょっとしたホテルと見紛うレベルのオフィスでした。4人で開始した事業とは思えない程の投資をされて、「売り方は岡井に任せる」と言われて全部丸投げ……。「なんて仕事を引き受けてしまったのだろう……」と、強い不安に駆られました。

チームの仲間と朝から晩まで顧客訪問を繰り返す日が続きました。しかしなかなか売上は伸びず、狙う客層を変えたり、セールストークを変えたりとやり方を色々工夫してみるものの成果は上がらず、1年後には赤字が数千万円まで拡大していました。何か手を打たなければいけないが、これ以上何を試して良いのかわからない、疲労もピークに達し、体調を崩す人間も出てきました。

対策を考えることに疲れてぼんやりしていた時、ふとなぜこれをやっているのだろう、という思いが頭によぎりました。社命であることもありますが、このお水でお年寄りから赤ちゃんまですべての人に健やかに健康的にいてもらいたいからではないか。ではとりあえずお年寄りの方をターゲットとしている会社と組むのはどうだろう？

そしてチームでアイデアを出し合い、次の手として地域に根ざした個人経営の電器屋さんとタイアップする企画が決まりました。その企画とは、電器屋さんの顧客であるお年寄りに向けてアルカリイオン水のサーバーを販売し、成約すると紹介してくれた電器屋さんにロイヤリティを支払うというものでした。

当時、大手の家電量販店の出店が相次いだため、若い人は家電量販店で家電を買うようになり、商店街などにある個人の電器屋さんは顧客をどんどん奪われている時代でした。昔からの顧客であるお年寄りの方は未だに心の通った優良顧客として残ってはいるものの、それでも頻繁に家電を購入する訳ではなく、閉店する電器屋さんが続出していました。そんな電器屋さんを助けることにもなると思ったのです。

同意を得られた電器屋さんと一緒にトラックにサーバーを積み込み、優良顧客の自宅を順番に回っていきました。そして一週間無料でお試ししてもらい、一週間後にサーバーを回収に行くという活動を続けました。すると回収に行ったほとんどの人がご飯やお茶が美味しくなったとの効果を感じたようで、そのまま置いてほしい、と発注を頂けるようになりました。

売上が伸び始めた頃の年の暮れだったと思います。とあるニュース番組にて「脅威の水、酸性水とアルカリイオン水！」（名前はうろ覚えですが）という特番が2日連続で放送されました。この番組内でアルカリイオン水がなぜ良いのかといった魅力がこれでもかと言うほど語られていて、内心大きなガッツポーズをしたものです。と言うのも、取引先の広告代理店の担当者から、新聞の中面広告1ページを格安で提案してもらっており、なんとそのTVの放映後に掲載されるタイミングだったからです。

これで僕らの商品は一気に大ブレイクしました。電話も鳴りやまない、機械の製造も追いつかない、2000台ぐらいのバックオーダーがすぐに入る状況で、毎月の販売台数も桁が変わりました。このように大きな運も味方し、2年目で黒字化できることになったのです。

"思考"が停止した時の対応策

アイデアを出そうといくら思考を繰り返しても、堂々巡りで良いアイデアが出ないときがあります。そういう時は"思う"ことと"考える"ことを同時にやるから難しいのであって、"思う"と"考える"に分けてみてください。自分たちは何をどうしたいのかを思う、それから行動してみれば良いのです。そして修正が必要になったら考える、そのほうがよっぽど早く物事が進みます。

この〝思う〟が、〝思う→想う→念《おも》う〟と念じるぐらいまで思ってこそ、ようやく解決の糸口が見つかるのだと思います。街の電器屋さんとのタイアップ企画はこの過程で閃きました。僕たちの商品を喜んでくれる人は誰なのだろう？　そこを思い続けたからこそ電器屋さんが浮かんできたのです。〝思う〟ことをせず、ただ代理店や卸先を増やすやり方を続けていくだけだったら、ここまでうまくはいかなかったと思います。

新規事業で大きな壁にぶつかり、そしてチームでそれを乗り越え、喜びを分かち合う……その経験はとても大きかったようで、ビジネスの魅力に取り憑かれた僕は、一から自分でビジネスをやってみたいと考えるようになりました。そして事業が順調に進み出したタイミングでこの企業を退社し、自分で会社を立ち上げたのです。岡井秀元、30歳の時でした。

売れる商品は土壌で決まる

はじめに次のことを想像してください。あなたには好きな異性の人がいます。おつき合いをしたいのですがお互いのことはあまり知らず、挨拶程度の言葉しか交わしたことがありません。そこでどこかで相手を呼び止め、思いきって告白。これは成功するでしょうか？

稀に両思いだったということもありますが、ほとんどの場合、これは失敗に終わります。なぜなら、相手にはまだあなたの告白を**受け入れる土壌ができていない**からです。

挨拶程度のつき合いであれば、あなたの情報はほぼ外見程度しか伝わっていないと思うべきです。学生時代ならいざ知らず、大のオトナがよく知らない相手とつき合うなんてことはそうそうありません。

告白する前には最低でも次の3ステップが必要です。まず"あなたの存在を認識してもらう"ことと、"あなたをよく知ってもらう"こと、そして"あなたを魅力的に感じてもらう"ことです。

実はこのステップはビジネスにもそのまま当てはまります。"商品（またはサービス）

を認識してもらう“こと、次に〝商品をよく知ってもらう“こと、そして〝商品を魅力的に感じてもらう“こと。このステップを経て、**まず商品を買いたい気持ちになってもらわないと、買えるかどうかの判断すらしてもらえません。**

特にビジネスの場合は、よく知らない商品をセールスされると拒絶反応を示す人が多いので、恋愛よりもハードルが上がります。恋愛の場合、告白されるとたとえ相手をよく知らない状況でも〝自分に好意を持っている人がいる“という事実に嬉しい気持ちがあるので、そこまで無下にはされません。

つまり**売れる商品には必ず芽が出るための土壌、つまり売れるための背景が存在する**のです。これは時に偶然起こることもありますし、計算して成功することもあります。この章では、僕の土壌作りの経験談を1つお話しします。僕は土壌作りの過程を次の3段階に分けて考えます。

1　導入期

2　説得期

3　販売期

それではそれぞれの過程に応じてお話していきます。

一　導入期（商品を知ってもらう）

教材販売の会社を辞めた後、僕はサラリーマン生活に終止符を打ち、30歳で起業しました。アルカリイオン水を扱った経験から、これからは健康志向の人が増えると感じていた僕は、電位治療器を扱う事業に着手しました。電位治療とは、身体に交流電圧電位をかけて電界空間を作り、身体をやさしく包みながら身体が本来持つ〝元気になろうとする力〟を助ける治療器で、頭痛や肩こり、不眠、便秘に効果・効能があると、厚生労働省から承認を受けた家庭用治療器です。

ローカルな地域の町ではこのような器械はまだ広まっていないことがわかったので、地方の山間の町を探し、そこに住むお年寄りの方向けのビジネスにすることを決めました。

調査の結果、福井県のとある町がもっとも理想の条件に近いことがわかりましたので、早速その町に行き事業をスタートさせました。資本金もそれほどなく、且つ営業エリアも拠点を構えるほど広くなかったので、コストが安くて短期間の賃貸契約ができる場所を探しました。しかし都会ならまだしも、田舎だとそこまでビジネスのインフラが整備されておらず、そのような物件は見当たりませんでした。どうしようかと考えていた矢先、平日にも関わらずシャッターが下りている店舗がいくつかあることに気がつきました。おそらく既に廃業しているお店だろうなと思った時、この使っていないスペースを借りれば良いではないかと閃きました。

近所に住む方に聞き込みを開始したところ、大きな町ではなかったのですぐに大家さんの所在がわかりました。そして大家さんにお時間を頂き、この治療器を使って地域住民の方のお悩みを解決したいこと、町おこしのように住民同士で交流できる場を作りたいことなどを訴えました。そしてなんとか使っていないガレージを格安で貸してもらえることができました。僕の電位治療器の販売ビジネスはガレージから始まったのです。

はじめは何よりもまず商品を知ってもらわなければいけません。**土壌作りの導入期では、売上よりもいかに多くの人を巻き込むか、これに注力するべきです。**そこで僕は電位治療器をスペースに並べて、無料で治療を体験できる場を作りました。そして電位治療の解説と効能、電位治療器を無料で体験できる旨を書き添えたチラシを大量に作成し、半径500メートル程度の家やお店を1つ残らず訪問しました。チラシを見せながら「お母さん、痛いとこない？　今なら無料で電位治療を体験できるから遊びに来てね」などコミュニケーションを取りながら、お店と器械のプロモーションを続けていきました。

そのうち1人2人と体験に来る人が現れ、器械が休みなく稼働するようになると、待ち時間が長くなるようになりました。そこで遊びに来てくれたお年寄りの方を飽きさせないよう、講演会を実施するようになりました。この講演会とは、知っていると得をする健康に関する知識を1日1テーマ20分程度話し、その講演を1日中繰り返すというもので、地域外の人との交流が少ない地元の方にはとても新鮮に見えたようでした。話の内容自体が役に立つばかりでなく、関西特有の小ネタを挟むことで会場はずいぶんと盛り上がり、お年寄りの方だけではなく、お父さんやお母さん、OLさんから子供たちまで幅広く講演を聞きに来てくれるようになりました。

この導入期間を1ヶ月ほど続けたことで、何十時間としゃべり続けた僕の声は枯れ、立ち仕事を休みなく続けた僕の脚は棒みたいになりましたが、動員が増えるという確かな手応えがあったので、やりきることができました。

二　説得期（商品を魅力的に感じてもらう）

そして2ヶ月目に突入するタイミングで説得期に移行します。

何度か足を運ぶ中で、実際に電位治療の効果を感じる人が出始めました。そうなると以前より電位治療器への興味が増すので、”なぜ効果が出るのか“”どのくらいの頻度で体験するのが良いのか“など、これまでのトークよりも、いくぶん電位治療器に関する専門的な部分に触れるようになりました。

会う回数が増えるごとに地元の人たちともどんどん仲良くなり、時にはみかんや枝豆、お母さんが作った自慢の1品、地域の特産物やお米などを差し入れでもらうこともありました。この頃は僕を含め従業員のみんなが週のあたまに大阪から福井に来て、電位治療器の営業をして週末大阪に帰るという出稼ぎ労働者のような働き方をしており、オフィスも構えず、週末にしか大阪の家に帰れない僕らを不憫に思ったのかもしれません(笑)。なんだか孫のように扱われていたように思います。

そして日に日に来場者の数は増え、2ヶ月が経過する頃には1日の来場者が300～400人程度になりました。そしてこの頃が販売期へ移行するタイミングとなります。

三　販売期（商品を買ってもらう）

ある程度まとまった人数を動員できるようになり、地元の人たちの商品への理解度も高まってきたと感じた僕は、現在のエリアでの無料体験会を打ち切って他のエリアに行く時期になった旨を告げました。この地域だけではなく、他の地域にも電位治療を必要としている人がいるので、同じエリアにずっと留まることはできないことをほとんどの方は理解してくれましたが、今まで習慣になっていた僕の無料体験会場がなくなるのはやはり寂しいようでした。

そこで、もしどうしても電位治療器を使い続けたい方がいらっしゃれば個別で販売できるか調整してみるので相談してください、と言ったところ、かなりの数の方が買ってでも使い続けたいと答えてくれたのです。

そこで僕は器械の生産台数を確認し、次のエリアに支障の出ない範囲で販売できるぎりぎりの台数を算出しました。そして何日か経過した後、ある日の講演会にて、電位治療器を個別で販売できる旨を伝え、作成した申し込み用紙を興味のある人たちに渡していきました。皆さん、既に購入を心に決めてくれていたようで、会が終わると同時に大量のお申し込み用紙が僕のもとに集まったのでした。

この導入期、説得期、販売期と商品が売れる土壌を作りながらプロモーションする方法は大きな効果を上げ、エリアもどんどん拡大していきました。もちろん具体的な方法は扱う商品によって変わってくるかと思いますが、どのような商品、サービスを扱うにしても、セールスの前にきっちりと土壌を整備しておくことだけは忘れないでください。

語り継がれる商人の教え

生きていく上で、人間誰しも大切にしている価値観、いわば〝信念〟のようなものがあると思いますが、皆さんにとってそれはどんなことですか？　些細なことでも結構です。少しだけ自分自身に問いかけてみてください。

ビジネスにおいては、この〝信念〟というものはとても重要です。市場とは、どんな分野であっても多かれ少なかれ常に変化しています。それもとてつもない速さで。その中で勝ち抜くためには、その一瞬一瞬に適した戦略や戦術を考え、対応していく必要があります。ただどんな戦略や戦術も、その根底にあるのはこの〝信念〟なのです。

三方よし

さかのぼること江戸時代、そんな〝信念〟を大切にして商売を行う人たちがいました。

それが近江商人《おうみしょうにん》です。

近江商人というのは、近江（現在で言う滋賀県あたり）の出身ではあるものの、慣れ親しんだ地元を捨て、近江国外で活躍した商人のことを言います。彼らは地元の特産品を行商で訪れた先で販売し、そして今度はその土地の特産品を仕入れて地元に持ち帰り、それをまた販売することで利益を上げていました。こうやって各地を渡り歩き、どんな商品がどの地方で必要とされ、売れるのか、常にマーケティングをしながら行商を行っていました。もちろん当時は今のようにテレビやインターネットがあるわけではないので、営業活動の中で地道に情報を集めていくしかありません。近江商人は、主に商人を相手とした商いをしていたので、ときには**自分たちの利益よりも顧客の利益を優先することもありました。**そうすることによって顧客の信頼を勝ち取り、より長期的に良好な関係を築いていったのです。

そしてその土地での商いが軌道に乗ればすぐに店舗を出し、各地でどんどん出店していきました。そしてそのネットワークを使って、事業を拡大していったのです。

そんな近江商人を語る上で欠かせないのが、**「売り手よし、買い手よし、世間によし」のいわゆる〝三方よし〟という考え方です。**これは300年生き続けてきた近江商人特有の〝信念〟と言われており、自らの地盤を遠く離れた他国に築くゆえに、他国において尊重されるということを強く求めた彼らが辿り着いた、まさにビジネスの真理とも言えます。

この〝三方よし〟とはどのような〝信念〟なのでしょうか？　具体的に説明していきましょう。

1　売り手よし

「売り手よし」とは、自分たちがしっかりと儲けることです。ただしこれは目先の利益にとらわれず、長い目で見て利益を上げ続けることに意味があります。もちろん短期間で利益を上げたいと考える人もいるでしょうが、おそらく事業経営者のほとんどが事業を拡大して長く続けたいと考えているのではないでしょうか。そのためにはやはり中長期的な経営計画が必要です。

2 買い手よし

これは自分たちだけではなくお客さまにも満足していただくということです。もちろん事業経営において利益を上げることは大切ですが、それは買ってくださるお客さまがあってのことです。その評判が新たなお客さまやビジネスチャンスを呼ぶのです。お客さまの声というものは、いつの時代においても重要な要素です。

3 世間によし

”売り手よし“”買い手よし“は現代で言う”Win-Win“の関係を指し、まっとうな事業であれば自ずと守られていることだと思います。この”世間によし“という言葉は、働くことや事業を通じて、地域、社会に貢献することを指します。事業が大きくなればなるほど、そこに関わる人間は増えていきます。一緒に働く従業員はもちろんのこと、お客さま、提携企業、はたまた同業他社まで、多くの人たちに影響を与えることになります。そしてそれだけ社会的責任も増していくのです。事業経営者は、従業員とその家族を守らなければなりません。お客さまの期待に応えなければなりません。業界全体を活性化していかなければなりません。そのためにも誠実であるべきだと僕は考えています。

陰徳善事《いんとくぜんじ》

〝三方よし〟はまさしく事業を進めるにあたって大切にしている考え方ですが、近江商人の教えの中で、経営者としてもう1つとても好きな教えがあります。それは **〝陰徳善事〟** というものです。これは人知れず善い行いをするということであり、「ありがとう」と人に感謝される見返りや自己顕示を求めずに人に尽くすことこそ最も徳が高いとされる考え方です。人が見ていようとそうでなかろうと、善いことをすれば天がそれを見ていてくれて、いつかきっと報われる、そのように解釈することができます。

この〝陰徳善事〟の教えに沿いますが、近江商人の販売の極意に **「売って悔やむ」** というものがあります。これは、お客さまの望むときに売り惜しみをせずに販売し、販売したその後で、「人気商品をこんなに安い値段で売ってしまったのは惜しかったな」と後悔するような取引をしなさい、というものです。**売り手が損をしたと感じるということは、買い手は儲かるということであり、それが商売を長続きさせる秘訣であることを説いたもの**です。

いかがでしょうか？　ビジネスの形が様変わりした現代にも通用する考え方だと思いませんか？　少なくとも僕は、これら近江商人の教えを大切にしながらビジネスの場に臨んでいます。

僕は自分のことを仕事のできる人間だとは思っていません。好きなことをし、自分のやりたいことをやってきたので、ビジネスマンが求められる協調性や空気を読む力などは欠けているかもしれません。ただ僕のまわりには仕事のできる人がたくさんいます。これは近江商人のように、商売相手にも従業員にも信頼関係を築くことを最優先して接してきたことが1番の理由かもしれません。

これからは本物の商品だけが伸びる

今は飽食の時代と言われています。先進国の中でも特に日本はその傾向が強いと思います。お金さえあれば大抵のものが手に入り、情報も今やインターネットで検索するだけで出てきます。そんな時代では付け焼き刃のセールストークだけで商品を売ることは難しく、本当に必要なものを作り、必要としている人に届けることが重要です。

僕がなぜ『ディオーネ』というブランドを作るに至ったのか、それは本物の商品に出逢ってしまったからです。本物の商品だからこそ絶対に人に伝えないといけない、より多くの人に伝えるためにはより大勢の人を巻き込む組織を作る必要がある、そんな使命感と責任感で事業をスタートさせました。ここでは僕がいま注力している、脱毛サロン『ディオーネ』についてお話ししたいと思います。

本物の商品との出逢い

２００９年春、オフィスで何気なくエステの業界紙を読んでいた僕は、その中に興味深い広告記事を発見しました。それは脱毛機の広告でしたが、広告塔がまだ小学生の女の子で、そこには「私でもできる！　だって痛くないもん！」というメッセージと『ハイパースキン脱毛機ＫＡＲＥＮ』の紹介がされていました。

これまで脱毛機というのは痛みを伴うのが普通で、まして脱毛を体験できない小学生を広告塔に起用するなど考えられないことでした。読めば読むほど興味が湧いてきたので、とりあえず話を聞いてみたいと、この脱毛機の製造会社である株式会社カンナに問い合わせてみました。

僕も自分のビジネスで同じ雑誌に広告を出していたこともあり、会社名を伝えると割とスムーズに代表の鉄穴《かんな》社長につないでもらえました。僕もレーザー脱毛機が禁止になる前は同じ業界にいた共通点もあったので、話も弾み、直接お会いして説明を聞くお時間を頂けることになりました。そして２００９年５月９日、福岡県にある株式会社カンナの本社に飛んで行ったのです。

この日は僕にとって、本当に大きな人生の転機となりました。13時にオフィスに着いて、帰りの飛行機に間に合うぎりぎりの時刻まで5時間ぐらいあったでしょうか、その間ずっと鉄穴社長と話し込みました。聞いてみると雑誌の広告に掲載されていた女の子は鉄穴社長のお嬢さまである恋文《れもん》ちゃんだったようで、彼女が小学校1年生の時、プールの授業中に毛深いことをクラスの男の子にからかわれたことで、子供にも施術できる脱毛機の開発を志したとのことでした。

そして彼が説明してくれた『ハイパースキン脱毛機KAREN』の理論はこうでした。少し専門的な話になりますが、毛が生えるメカニズムは、男性ホルモンの刺激により、皮脂腺部の発毛因子が細胞分裂を始め、毛母細胞を形成しケラチン蛋白質をつくることにあります。これまでの脱毛のほとんどが、**毛乳頭を高熱で破壊し、毛の再生を鈍化させるもの**で、この方法だと、高温のエネルギーや針などを必要とするため、必ず痛みが伴い、火傷や色素沈着など様々なトラブルにつながっていました。(図A参照)

なんとかトラブルのない確実な脱毛ができないかと試行錯誤する中で辿り着いた結論が、**毛を作り出すタイミングをとらえ"毛を作りにくくする"こと**でした。光エネルギーが持つ波長やパルス幅などの実験を繰り返して特殊な光線を特定し、この特殊な光線を照射することで皮脂腺部の発毛因子の細胞分裂を減退させ、結果的に毛が再生しにくい状態

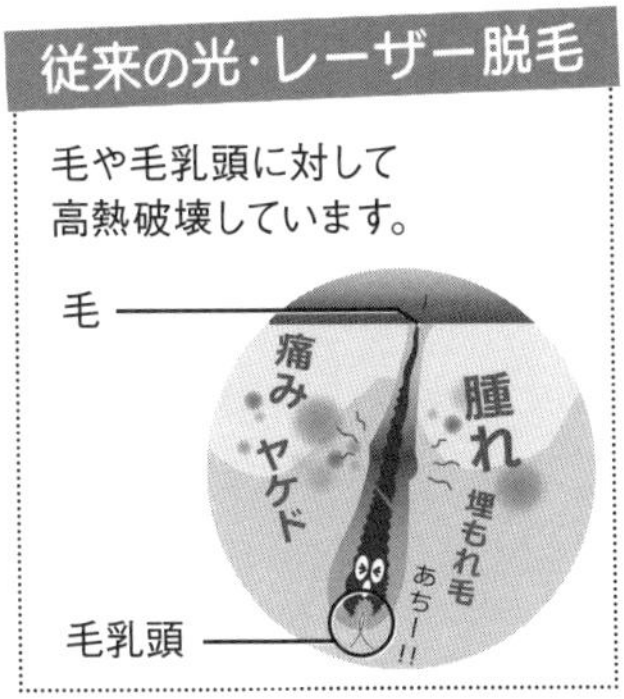
従来の光・レーザー脱毛
毛や毛乳頭に対して
高熱破壊しています。
毛
毛乳頭
痛み
ヤケド
腫れ
埋もれ毛
あちー!!

図A

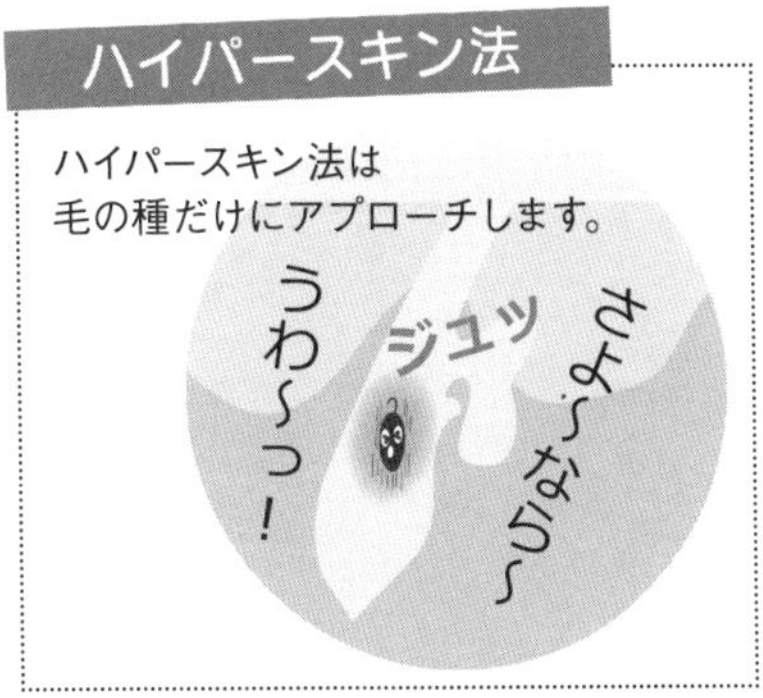
ハイパースキン法
ハイパースキン法は
毛の種だけにアプローチします。
うわ〜っ!
ジユッ
さよ〜なら〜

図B

にする、というものでした。（図B参照）

そんな商品への想いや理論を聞いた後で僕が感じたのは、この『ハイパースキン脱毛機ＫＡＲＥＮ』が本物だったらエステサロンの業界地図が塗り変わる、まさに「脱毛業界の黒船がやってきた！」という大きな衝撃でした。

ちなみに僕と鉄穴社長は同じ業界で切磋琢磨したことだけでなく、他にも2つ驚きの共通点がありました。まず1つ目は、僕と鉄穴社長は2人とも離婚を経験していますが、2人ともその離婚した相手と再婚しています。元サヤというやつですね。今までたくさんの人にお会いしてきましたが、僕以外に元サヤに収まった人を見るのは初めてでした。

そして2つ目は、当時2人ともゴルフが趣味だったのですが、鉄穴社長が数年前にホールインワンをしたゴルフ場（忘れもしません、雷山ゴルフ倶楽部の16番175

ヤードです）で一緒にプレーをした時、なんと僕もホールインワンをしてしまったのです。プロのゴルファーでもない普通の仲間が過去にホールインワンをした場所で、また同じことが起こる確率は天文学的数字になります。もしかすると僕たちは前世でつながりがあり、この『ハイパースキン脱毛機ＫＡＲＥＮ』を世の中に広げていくために再び巡り会う、そういう宿命だったのではないでしょうか？

産声をあげる『ディオーネ』

鉄穴社長との打ち合せが終わったその時にはもう『ハイパースキン脱毛機ＫＡＲＥＮ』を広める体制作りにこの身を捧げようと決めていました。まずは今進めている事業の負荷を減らし、この商品を広めることに専念する新会社としてドクターサポート株式会社を設立しました。つまりこの会社は『ハイパースキン脱毛機ＫＡＲＥＮ』という商品と巡り合えたことで産声を上げたのです。

僕がこの商品を届けたい相手、つまり顧客ターゲットは明確でした。それは、**〝値段の安さよりも痛くない脱毛を受けたい人〟そして〝毛深いことで悩む思春期のお子さんを持**

つご両親“でした。

まず始めにエステサロンのオーナーさん向けのWEBサイトを立ち上げました。株式会社カンナで作っている『ハイパースキン脱毛機KAREN』の商品サイトはありましたが、取引業者向けのシンプルなものでしたので、これを個人経営のサロンオーナーさんに訴えるようなものに作り変える必要があったのです。

次に、『ハイパースキン脱毛機KAREN』の特徴である〝痛くない“脱毛機を検索する人が必ずいると思った僕は、〝痛くない脱毛“〝子供　脱毛“などのワード検索でドクターサポートオフィシャルサイトが上位に掲載されるように、リスティング広告に力を入れました。

それらと同時に、当時は別事業でエステサロンのオーナーさんとおつき合いがあったので、その知り合いの人たちに『ハイパースキン脱毛機KAREN』を案内しました。しかしWEBサイトが回り始めるにつれ、サイトで器械を知ってエステサロンを開業したくなった人や、この器械を実際にエステサロンで体験してお店を始めたくなった人など、独立を目指す人がまわりに増えてきました。

しかし皆さんもご存知のように、脱毛サロンは日本に星の数ほどあり、強いネットワークを持つ大手のサロンもあります。いかに商品力が優れているとはいえ、個人経営のサロンはそれだけでエステ業界の過酷な生き残り競争を戦っていけるのだろうか、と疑問に思いました。開業を志す人に脱毛機を販売するのは簡単ですが、彼女らがしっかりその武器を使いこなしてお店を運営するところまでサポートするべきではないか、と考えるようになりました。

そこで思い出したのが、毛利元就の3本の矢の話でした。1本だと簡単に折れてしまう矢も3本ならなかなか折れない、つまり絆の強さや結束力を説いたお話ですが、これをエステサロンに応用しようと考えたのです。

1店舗だと小さくて影響力は弱くても、それが2、3、10、30店舗と束になれば大手のサロンとも戦える、そんなブランドを作ろうと考えました。運の良いことに、僕らの扱っている『ハイパースキン脱毛機KAREN』は大手のサロンではまだ導入されていなかったので、"子供も体験できる"、"痛くない脱毛"というキーワードが打ち出せるのは僕らだけでした。ここに勝算を見出し、そんな強みを活かした脱毛サロンとして『Dione（ディオーネ）』を立ち上げたのでした。

『ディオーネ』とはビーナスのお母さんの名前で、"天空の女神"を意味します。上質の癒やしと最上級のおもてなしを提供できる脱毛サロンブランドを作りたい、その気持ちを込めたのでした。

ドクターサポート株式会社大阪本社に提出しているディオーネの社訓。
僕を含めた従業員みんなの行動規範となっている。

この志に共感してくれるオーナーさんが集まり、『ディオーネ』の店舗数は2016年時点で120店舗を超えました。どうしてここまで急拡大できたのでしょうか？　僕らの脱毛サロンの業界では"初回0円""何回来ても定額"など、金額的なメリットを打ち出す会社が多いですが、そのような打ち出し方を僕らはしていないので、おそらく『ディオーネ』のサービスはお客さまから高く見えているはずです。でもそこにお客さまが来てくれるのは、お客さまの本当に求めているサービスが『ディオーネ』にはあるからです。

競合他社の脱毛サロンは施術が少々痛かったり、冷たいジェルを塗られたりなどのサービスが今も提供されています。これらは脱毛業界では当たり前とされていますが、そこに不満を抱くお客さまもいらっしゃいます。『ディオーネ』では、温かいジェルやホットタオルでのお拭きとりといった、心も身体も温かくなるようなまさに〝癒やされる脱毛〟を提供しています。

さらに〝子供でも脱毛できる〟ことや、仕上げのホワイトニングミルクには〝美白と保湿をしっかり行える有効成分を入れている〟ことなどの特徴もあります。安さを求めるのではなく、痛くない脱毛をやってほしいと本気で願う人、脱毛サロンにも高いサービスレベルを求める人が来店してくれているのです。

サロンのスタート段階から商品で差別化できているのはとても大きなことでした。競合他社にない特徴が始めから備わっているので、集まる客層が始めから異なったのです。もしこのような特徴がなければ、ブランド力のある大手と競合するために、どうしても金額のメリットを打ち出す必要があったでしょう。

体毛が濃い、眉毛がつながっている、など子供が毛深いことで友達にからかわれたり、いじめられたりする可能性は少なからずあります。ご両親からそのような相談があった時に、「すぐ生えてくるからやっても無駄ですよ」と断るサロンが今でもあると聞きます。これは無駄なのではなく、子供には脱毛の施術に伴う熱さや痛みを我慢することは難しいと考えるサロン側の判断の結果だと思います。『ハイパースキン脱毛機ＫＡＲＥＮ』は自分の娘に体験させたいという鉄穴社長の想いで作られた脱毛機です。当然お客さまに対して優しい使い心地のはずです。それは娘のために作られたものなのだから。

『ディオーネ』の店舗数が増えるにしたがって、〝痛くない脱毛ならディオーネ〟という評判が一人歩きし、今では、資料請求の問い合わせの９割以上はホームページから来ます。世間の皆さんに信頼されるブランドが確立できてきたのかもしれません。そうなれたのはディオーネで働くスタッフの想い、娘を想う鉄穴社長の想い、そしてそれらの中心に『ハイパースキン脱毛機ＫＡＲＥＮ』があったからです。

最後に、新しく事業を始めようとされる人に質問です。あなたの扱う商品・サービスはあなたが本気で広めたいと思うものですか？　その商品・サービスを必要としてくれるお客さまの笑顔が思い浮かびますか？　そうであれば今すぐ行動に移しましょう。あなたの扱う商品・サービスは〝本物〟なのだから。

第三章

人が集まる組織の作り方

”任せる“と”放置する“の違い

今でこそ人たらしについての本を書いている僕ですが、事業を始めたての頃は人間関係においても多くの失敗を経験してきました。その中でも1番印象に残っているのは、僕の判断ミスで組織を解散することになった出来事です。

立ち上げた電位治療器のビジネスがうまく回り始めたので、ある程度権限を移譲できる人を作ろうと、部下を1人部長職に抜擢しました。これまで僕をサポートしてくれた期待の人材でした。

当時の僕は、人にはそれぞれ何かしらの目標があるので、給料をそれなりに払えば勝手に働いて学んでいくものと考えておりました。ですので彼にも月給100万円を保証し、エリアの統括を指示し、「後は任せた」とノータッチの状態にしていました。

ところがある日、彼の統括しているエリアの従業員から、「部長が仕事をさぼって勤務時間中にパチンコをやっている」との報告を受けました。それを聞いた時、「まさか部長がそんな事するハズないやろ！」と信じられなかったのですが、念のため、その話を聞いた翌日に彼の担当エリアまで車を飛ばしました。すると指摘通り楽しそうにパチンコをしている彼の姿を発見したではありませんか。頭に血が昇った僕は彼をその場で降格させました。今思えば彼の人間性の部分から目を背け、僕の言うことをテキパキこなし、僕に対して良い顔をする部分だけを見て、高く評価してしまっていたのかもしれません。

併せて今回の件を報告しなかった役職者クラスの人間も連帯責任として全員降格させました。そして全エリアを再び僕が統括する体制に戻りましたが、役職者たちのモチベーションは元には戻らず全員が退職し、その後従業員も1人辞め、2人辞め、結局は1人を残し、全員が退職しました。人が資本の電位治療器ビジネスを2人で回していくことは難しかったため、やむなく事業を畳むことにしました。

こうなった原因として、当時の僕は良い人材を集められなかったことが原因だと思っていました。しかし今思えば、部長が不適任者であるならば、彼を指名した僕に全ての責任があるので、何よりもまず僕自身がその責めを受けるべきでした。そうすればその他の役職者や従業員の流出は防げたのではないでしょうか。この頃の僕は「人材は〝人財〟である」ことにまだ気づいていない経営者だったと言えます。

全ての矢印を自分にむけること、これが人に仕事を任せる時に一番大切なことです。最後の責任は自分が取る、要所要所をチェックする（ただしこれは疑いの気持ちで行うのではなく、部下が大きな失敗をしないよう見守る感覚に近いです）、自信をもたせる。それらがもし欠けているならば、あなたの〝任せる〟は、ただ〝放置している〟だけなのです。

ダイヤの原石をスカウトする

仕事の任せ方や動機づけの方法について、わかりやすく解説されたビジネス書が世の中にはたくさんあります。このようなコーチングのメソッドが体系化されたビジネス書には、しっかりとした理論に基づいた〝任せる〟と〝放置する〟の違いが説明されています。正直僕にはそこまで高度な方法論があるわけではありません。だからこそ僕は〝任せられる人財〟の発掘に神経を使っています。

僕に何か優れた点があるとすれば、それは〝人財〟を見つけてくる運がある、ということだと思います。僕の人生は人との出会いに恵まれていて、多くの人に助けられてきました。時には騙されたり、裏切られたりすることもありますが、良いことの方が多いので、生き方を変えようと思ったことはありません。

電位治療器のビジネスを解散したとき、ただ1人だけ僕についてきてくれた人がいましたが、その人は元々引越しの見積もりに来た業者さんでした。快活で笑顔を絶やさない素直な人で、見積もりの最中の何気ない話をしているうちに「出来る男や！」と直感し、スカウトしたのでした。今でこそ転職サイト等からの応募で入社する方が多いですが、当初は僕の直感で人をスカウトしてくることが多かったのです。

その中でも僕が最も必死に口説いたのが、現在ドクターサポート株式会社エグゼクティブマネージャーの坂本麻衣子です。

『ディオーネ』直営店の1号店がオープンするにあたり、店内に飾るオブジェを買いに入ったショップで、接客をする彼女と出逢いました。接客を通して伝わってくる彼女の明るさや、頭の回転の早さ、気配りに感心し、特に印象的だったのがまわりの雰囲気を明るく変えられる、みんなを元気にしそうなそのキャラクターでした。初対面でそこまでのオーラを感じた人はこれまで1人もいなかったので、「この娘はダイヤモンドの原石や！　磨けばめっちゃ光るぞ！」と興奮したものでした。

自分に興味をもってもらおうと足を運び、彼女に接客してもらいつつ、必要もない置物などを買って帰る日々が続きました。1度外で話したい旨を伝えましたが、その度に断られてしまい、しょんぼりしてお店を後にすることも何回かありました。後日談ですが、彼女はお店の方から「口説かれるから行ってはダメ」と止められていたようです（笑）。

『ディオーネ』を支えてくれるスタッフたち。やる気があってパワフルで、いつも笑顔のみんなから元気を分けてもらっています。

数ヶ月にわたる僕の度重なる説得に根負けし、ようやく彼女は時間をくれました。もうチャンスはここしかないと『ディオーネ』の事業について説明し、「僕の右腕になってくれるのは君しかいない。手伝ってほしい！」とお願いしました。その甲斐もあり、彼女はこれまでのキャリアを捨て、僕の会社に入社してくれました。

彼女は今や『ディオーネ』直営店舗のみならず、全国に広がるディオーネ１２０店舗の統括として組織を牽引してくれています。彼女は人を育てるのが巧く、今や『ディオーネ』にはかけがえのないメンバーがいっぱい集まっています。そんな彼女たちと同じ目標に向かって頑張ることが僕の大きな喜びでもあります。

業界経験のない彼女に大きな役割を与えてきましたが、僕は必ずやれると信じていました。

同じ仕事内容で同じ指示でも、それが〝任される準備〟のできている人間に任せれば〝任せる〟になりますし、受け身で〝任される準備〟ができていない人間に任せれば、それは結果〝放置している〟ことになりかねません。**〝任される準備ができている、伸びしろがある人財を発掘すること**〟、まずはそこに一生懸命になってみましょう。

やり方の前に〝在り方〟を共有する会議

もちろん優秀な〝人財〟も育て方によって伸びるか否かが変わってきます。では優秀な〝人財〟をどのように伸ばせば良いのでしょうか？　僕の会社で実践しているメソッドを1つ紹介します。それは会議の方法です。

僕の会社にはサロン会議というものがあり、そこでは数字の共有や売上を高めるための方法よりも、みんなで〝在り方〟を共有することを大切にしています。〝在り方〟とは、一言で言うと、**自分は〝どうしたいのか〟〝どうなりたいのか〟という想いです。**この〝在り方〟を共有してから物事を決めていく、これを徹底しているのです。

以前は僕の会社でも、先月の反省をしながら今後どんな手を打っていくかを考えていました。「何がダメだったのか？」、「決められたことが出来ていなかったから次回は気をつけよう」。それでも運営はうまくいきませんでした。

そんなこともあり、ある時マネージャーが会議の方法を変えることを提案しました。今までの数字の共有が中心ではない、みんなが〝どうしたいのか〟という想いを共有する会議です。彼女なりに何かを変えないとまずい、という危機感を持っていたのだと思います。

反省やサービスの技術的なことはひとまず横に置いて、「自分たちは何のためにこの仕事をしているのか？」という基本からやりなおしたのです。するとわずか2ヶ月足らずで直営店全体の売り上げが3倍に伸びました。たった2ヶ月です。〝在り方〟を意識して働くことで熱意が生まれた、あの時のエネルギーの渦みたいなものは今でも覚えています。

しかしなぜそこまで結果が変わったのでしょうか？　おそらく〝在り方〟を意識すると、出てくる言葉も自然と変わるからだと思います。商品をご提案する際も、ただ商品の良さを伝えるだけではなく、「自分の人生をどのように過ごしたいですか？」といった〝在り方〟を尋ねる方向に変わっていきました。そうすると出会う人たちも変わり、商品の魅力だけではなく、僕たちと一緒に仕事をしたいと思ってくれる人が増えたのです。

しかし気をつけなければならないのが、この**〝在り方〟というものは経営者が押しつけるだけではダメで、社員全員が心からそう思っていなければ意味がありません。**そのためには社員1人ひとりが、まずは自分にとっての"在り方"を考える必要があります。なんのために働くのか、将来どんな自分になりたいのか、そのために今どうすればよいのか。それが少しくらい僕の思う"在り方"と違っても良いのです。自分自身の"在り方"に納得することで自覚と熱意が生まれます。経営者はその想いの方向性を統制してあげれば良いのです。

"任せる"と"放置する"の違いについて、まずは本人の"在り方"を理解してあげること、そうすれば自ずとその人が目指す方向性、そして向いていること、得意なことがわかるようになります。であればその延長線上にある仕事を与えてあげれば、熱意を持って取り組むでしょうし、結果が出る可能性も高いと思います。

"信じてあげること"と"責任を取ること"、この2つがあるのかどうか、そこが"任せる"と"放置する"の決定的な違いです。仕事を任せたのであれば、出来ると信じること。誰よりもあなたがその結果を信じてあげることです。万が一失敗したとしても、その失敗を糧に、次回はより強い絆をもってチャレンジできる日が来ると思います。

商売人から事業経営者への脱皮

これまで述べてきたとおり、僕は働くことが大好きで高校卒業後、すぐに働きはじめました。アルバイトのできない年齢の頃から工夫をしてお小遣いを稼ぎ、働ける年齢には目一杯働き、サラリーマン時代にはたくさんの失敗をして、なんとか30歳で独立を果たしました。この30歳の独立が一般的には経営者のスタートと言えるようですが、僕はそうは思いません。というのもこの頃はまだ**事業経営者ではなく、商売人だったから**です。

事業経営者と商売人はどのように違うのでしょうか？　そのことを説明する前に、まず企業に関するこちらのデータ（左図）をご覧ください。

継続年数別会社生存率とは、国税庁が調査した「中小企業が設立から倒産するまでの期間」をまとめたものです。こちらを参照すると、設立5年目で約85％の企業が消え、10年以上存続できる企業は6％程度となります。つまり10年以上存続できる企業は全体の1割にも満たないということなのです。考え方にもよりますが、これはもう公営ギャンブルよ

継続年数別会社生存率

経過年数	存続率	廃業率	1000社中残った会社数
5年	14.8%	85.2%	148社
10年	6.3%	93.7%	63社
20年	0.4%	99.6%	4社

（国税庁2005年調査より作成）

り勝てる確率が低いと言えませんか？

ただしこれは、どんな経営理念で会社を運営しているかは関係ない、全ての業種、全ての中小企業を対象に抽出した数字です。僕の考えでは、ここで失敗した企業オーナーのほとんどは事業経営者的発想ではなく、商売人的発想で事業を進めていたのだと思います。事業を長期的に経営していくためには、商売人的発想から事業経営者的発想へ考え方を切り替えることが大切です。

商売人と事業経営者の考え方の違い

ではどのように発想の転換を行えば良いのでしょうか。そのためには両者の違いを明確にして、自分の考え方を事業経営者的発想に近づける必要があります。それでは両者の違いを具体的に説明していきましょう。

1 仕事のスタイル

　ここで言う仕事のスタイルとは、どのような働き方をしているかを指します。商売人は自分の労働時間を使って、如何に多くの製品またはサービスを製造・販売できるかを意識して働いています。つまり自分の技術なり労働力なりを成果物と等価交換している働き方は、商人的発想となります。たとえ朝から夜まで働き詰めではないとしても、自分の労働を時給換算して、その時給を高めようと意識して働いているのであれば、それは商売人です。自分の力で売上を高めようとしているうちは、商売人的発想をしているとも言えます。

　一方、事業経営者というのは、如何に魅力的な人材を育てられるか、という発想から入ります。自分に欠けている部分があればそれを補える人を、自分に十分な能力が備わっているのであれば、自分と同じぐらい仕事ができる人を育てようとします。むしろ事業経営者の仕事の大半は、この〝人を育て、人に任せる〟ことにあると思います。事業経営者は点を線に、線を円にして組織の力で成果を上げようとするのです。

2 大切にしているもの

仕事をする上で大切にしているものも両者で異なります。商売人は何より自分自身に対するお客さまの"信用""信頼"を大切にしています。商売人のビジネスは、自分を信用・信頼してもらえないと成り立たないからです。

しかし事業経営者は、信用・信頼という観点で言うならば、一緒に働く人たち、つまり従業員や提携先からの信用・信頼を大切にしています。それだけではなく、方針を決めるための判断材料となる"情報収集"を重視しています。"情報収集"は、会社の規模が大きくなるごとに重要度が増してくるのでご留意ください。

3 必須スキル

必須スキルを1つだけ挙げるなら、商売人に必須のスキルは"モノを売る力"です。商売人は自分自身の信用でビジネスを行うので、自分が優れた営業マンである必要があります。個人で事業を行っているなら当然ですが、自分が売らないと誰も売ってくれません。

事業経営者に必須のスキルを1つ挙げると、それは〝人を見る目〟です。人を育てるにしても何が伸びそうな子なのか、どこまで伸びそうなのかを予測して育てる必要がありますし、何より磨けば光るダイヤの原石を見つけてくることが重要です。もし「この人は間違いなく伸びる！」と直感する人と出会ったなら、その人がたとえ年下でも、自分が足を運んで一緒に仕事ができるように働きかけるぐらいの熱意が必要です。

中国の4大奇書の1つである『三国志演義』の中にもこのようなエピソードがあります。当時の中国において、劣勢を強いられていた主人公の1人、劉備玄徳《りゅうびげんとく》が後の天才軍師諸葛孔明《しょかつこうめい》と出会い、自軍に入るよう説得します。しかし諸葛孔明は俗世から離れ、晴耕雨読《せいこううどく》の生活を続けたいと断ります。しかし劉備はそこで諦めず、結果的に3度も諸葛孔明を訪れ、口説き落としました。1つの軍を率いる大将がまだ何の実績も挙げていない青年を3度も訪れるなど、当時の中国では考えられないことでした。また、この時、劉備は諸葛孔明の父親ほどの年齢であったと言います。

事業経営者たるもの、優れた人材を獲得するためには努力を惜しんではいけません。

4 目標としているもの

目標としているものにも違いがあります。商売人は何より〝自分の目標〟を達成することを目指しています。これは全然悪いことではなく、むしろ高いモチベーションを保てるのであれば、このような動機で事業を始めても良いと思います。ただいつまでもその目標だと進歩がありません。

事業経営者は〝自分の目標〟だけでなく、〝仲間の目標〟を達成することを目指しています。仲間とは、従業員やビジネスパートナー、もっと範囲を広げるならば、利害関係のないまわりの人たちを指します。〝仲間の目標〟にまで目的意識が高まると、必ずまわりの人から強い信頼を得られます。そして思いもよらないところで手助けを得られます。ただあなたは〝仲間の目標〟が達成されるように、自分のできることに全力で取り組めば良いのです。そうすれば自分のできないことを仲間が助けてくれます。

大切なことは見返りを期待せず、目標達成に意識を集中することです。

5 資産家への反応

あなたが車のセールスマンだとして、とあるパーティで資産家の人とお知り合いになったとします。その資産家の人と友達になれれば車を買ってもらえるのではないか、と期待しませんか？「期待する」と答えた方、あなたは商売人です。商売人は資産家の人と知り合った時、彼を〝お客さま〟と見なします。顧客単価の高そうな人にモノを売らない手はないと考えてしまうのです。

ではは事業経営者はどうか。事業経営者も彼と友達になろうとしますが、それは一財産を築いた努力や先見性、チャレンジを行った勇気、そういった目に見えない魅力を評価し、単純に仲間として友達になりたいだけなのです。

資産家の持つ財産に興味を持つか、それとも財産を築くに至った考え方に興味を持つか、それが商売人と事業経営者の分かれ目です。

ざっと両者の考え方の違いを説明させて頂きましたがいかがでしたか？　考え方の部分なので、咄嗟に事業経営者的発想に寄せるのは難しいかもしれませんが、都度意識してい

	商売人	事業経営者
仕事のスタイル	自分の労働時間を使う	人を育てる
大切にしているもの	お客様からの 信用・信頼	従業員や連携先からの 信用・信頼 そして情報収集
必須スキル	モノを売る力	人を見る目
目標としているもの	自分自身の目標	仲間の目標
資産家への反応	お客様	仲間

ればいつしか身についていると思います。

両者で異なる結果

商売人と事業経営者には根本的な考え方の違いがあることがわかりましたが、それは当然結果にも影響してきます。

具体的に言うと、まずは事業規模です。商売人はどんなに頑張っても売上に限界が来ます。それは自分自身の労働と引き換えに売上を得ているからです。自分の体力や能力の限界値が売上の限界値です。

一方、事業経営者の売上には限界がありません。それは自分自身の力だけではなく、信頼関係のできた仲間たちの成果も売上に還元されるからです。

そして貯まっていく財産にも差がでます。単純に〝お金“という観点で言うと規模の差こそあれ両者ともある程度は貯まりますが、事業経営者は貯金に加え、”人財“という財産も獲得できます。自分のまわりに魅力的な人がたくさんいることは、それは本当に幸せなことです。

このように商売人と事業経営者の違いをお伝えしましたが、決して商売人が悪いということではありません。自分の能力1つで日本社会という荒波を渡っていく、それは本当に勇気のいる決断だと思います。

ただせっかくチャレンジするのであれば、発想を転換して、事業経営者的な考え方でビジネスを進めていくのはどうでしょうか？　協力者がたくさんいれば、1人ではできなかったことにもチャレンジできるかもしれません。喜びや感動は2倍、悲しみや苦しみは半分になるかもしれません。

少なくとも僕は事業経営者としての発想に切り替えたことで、本当に幸せを実感できる機会が増えました。この感動を本を読んでいる皆さんにも体験してほしいと思っているので、ぜひ僕の言葉を意識して物事に取り組んでみてください。

人を引っ張らないリーダーシップ

最も"リーダー"にふさわしい歴史上の人物を1名挙げよ、と聞かれた時、あなたは誰を思い浮かべますか？　薩長同盟を成立させた坂本龍馬、初代総理大臣に就任した伊藤博文、日本史上初めて全国を統一した豊臣秀吉、江戸幕府を開いた徳川家康……いずれも共通しているのは強い求心力と卓抜な発想で周囲を巻き込み、優れた功績を残したことではないでしょうか？

ただ僕が思う"リーダーシップ"というのは、今挙げたような周囲をぐいぐい引っ張っていくようなものではありません。優れた功績を残す必要もありません。頭が良くなくても、運動ができなくても、"リーダーシップ"たる考え方を身につけている人、そしてそれを行動にできる人、そんな人を本当の意味での"リーダーシップを持つ人"と評価しています。今回はその"リーダーシップ"に焦点を当ててお話ししたいと思います。

リーダーシップの本質

まず始めに、**"リーダーシップ" とは "リーダーになる素養" または "リーダーになる素養を持つ人＝リーダー" と思っている人が多いですが、そうではありません。**よく混同されますが、"リーダー" と "リーダーシップ" とは似て非なるものなのです。

その２つの言葉が持つ本質的な違いを今から説明します。

1 チームでの役割の違い

"リーダー" は、仕事でも何でも取り組んだことに対して必ず成果を挙げます。それは時に売上数字であったり、得票数や動員数であったりしますが、どれも簡単には達成できないことなので、まわりから「スゴイ！」と言われ、注目を集めます。求心力があるため、みんなの中心に立って、または先頭に立ってチームを引っ張る、そんな役割を担う人が "リーダー" です。

一方、"リーダーシップを持つ人"とは、まわりを尊敬し、気づきを与え、落ち込んだ人を励まし、自信を回復させ、誰かが功績を挙げられるように取り計らい、そして功績を挙げた人に心から「スゴイ！」と言える人です。必ずしも中心にいる必要はないし、先頭に立つ必要もありません。ただチームの精神的支柱である、これが"リーダーシップを持つ人"の特徴です。

スポットライトの中心に自分が立つのか、それとも誰かにスポットライトを当ててあげるのか、そこが大きく異なります。

2 正しさの基準の違い

物事の選択を迫られた時、"リーダー"は正しい判断を優先します。その"正しさ"とは属する組織（会社員の場合は勤める企業）の利益が基準となります。どちらを選択すればより多くの実りが得られるのか、売上が上がるのか、組織に利益を残すことを優先して判断します。時には、組織に不利益をもたらした人を処罰することも辞さない、そんな激しい一面も持ちます。

しかし〝リーダーシップを持つ人〟は、組織だけではなく、世の中全体を考えた〝正しさ〟を基準としています。世間のまだ会った事もない誰かに喜んでもらえる、どこかで苦しんでいる人を助けることになる、そういった見返りを求めないことに思いを馳せて決断を下します。たとえ誰かがチームに不利益をもたらす判断をしたとしても、そう判断せざるを得なかった彼の苦しみを理解しようとし、その結果を許し、受け入れます。まさに「罪を憎んで、人を憎まず」の精神です。

〝リーダー〟の〝正しさ〟は組織の利益を基準にしているのに対して、〝リーダーシップを持つ人〟は社会全体の利益を基準にしているのです。

〝リーダーシップ〟の〝シップ〟とは英語で〝帆船《はんせん》〟を意味します。つまり〝リーダーシップを持つ人〟とは、帆船のように船長（＝リーダー）や乗組員（＝スタッフや従業員）、乗客（＝お客さま）を乗せて荒波を耐える、そんな縁の下の力持ちになれる人間のことだと思います。人を支えるほうがエネルギーもたくさん必要ですし、矢面に立たされることもたくさんあります。しかし海の下でどのようなことが起こっているのか、船に乗っている人にはわからないように、〝リーダーシップ〟の苦労は見えづらい分、その苦労が労われることはほとんどありません。

1912年4月14日、豪華客船『タイタニック』は処女航海中の深夜、氷山に接触して沈没しました。世界最悪の海難事故の1つとして今もその名を知られています。もしこの時、氷山の接触をモノともしない性能で航海を成功させていたら、『タイタニック』の名前はここまで広まっていないでしょう。また、氷山との接触の仕方によっては沈没を免れていたという説もあり、船長の判断の是非も出てしかるべきですが、その名も『タイタニック』ほどは広まっていません。結果として世界中に広まっているのは「タイタニックが沈んだ」という認識のみなのです。

この事例からもわかるように、"リーダーシップ"というものは本質的に功労や功績とは遠いところにありますが、いざ問題が生じた時、その避難の矛先を向けられ、責任を取らされる立場にあります。成功すれば当たり前、失敗すれば責任を取る。ギブアンドテイクではなく、ギブアンドギブばっかりです。損得で言うと、損をしていることの方が多いように思います。

しかし"リーダーシップを持つ人"というのは、損をしていることを全く気にしていません。むしろ自分が損をしている分誰かが得をしているわけで、その誰かが喜んでいることを考えると嬉しい、こう考えるのです。損得勘定で動く人の真逆にいるのがこの"リーダーシップを持つ人"だと言えます。

要約すると **〝リーダーシップを持つ人〟とは〝自分の幸せよりも誰かの幸せを考えてあげられる人〟なのです。** そしてこれからのリーダー像は、まさにこの〝リーダーシップを持つ人〟を指していると僕は思います。

幸せBOX

弊社のエクゼクティブマネージャーである坂本麻衣子が以前僕にこういうことを言ってくれました。「社長は〝幸せBOX〟が大きいから、まわりに良い人がいっぱい集まってくるし、会社もこうやって大きくなっていくんですよ！」。この時僕は初めて〝幸せBOX〟という言葉を聞きました。「何やそれ？　〝幸せBOX〟って？」そう尋ねると、彼女は紙とペンで何かを書き始めました。そして書き上げたのが左の図でした。

小学校の算数で習った座標みたいだな、と思いましたが、これは幸せの量を計るためのツールということでした。座標の原点を〝自分〟とし、横軸を〝人間関係〟、縦軸を〝未来を見る視点〟とします。

横軸の〝人間関係〟を具体的に説明すると、これは〝どれだけ相手のことを自分のこと

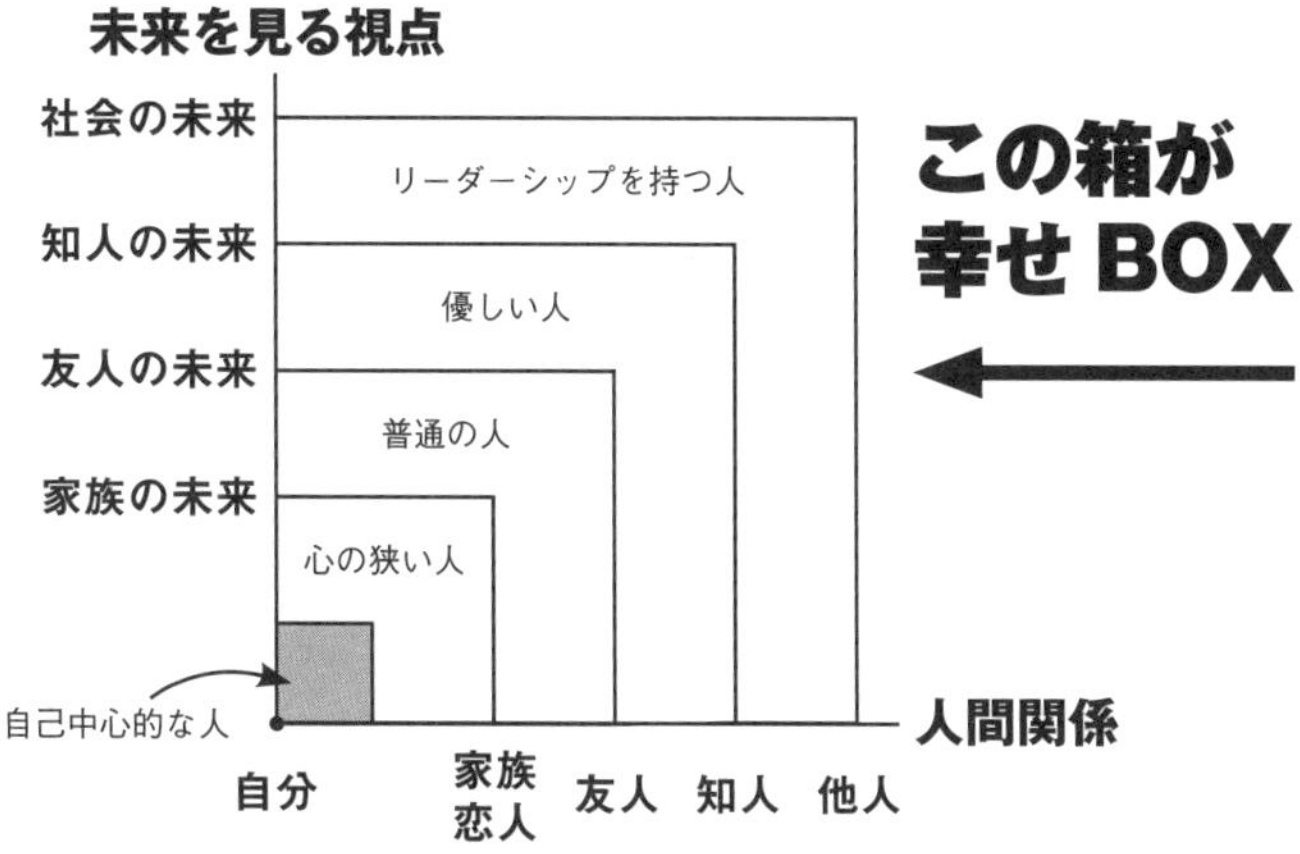

のように想えるか" という指標です。自分から見ると、一般的には家族、恋人などが近くにいて、その先に友人、知人、そして他人という順番で距離が遠くなっていくと思います。そして自分との人間関係が遠い人のことを想える人ほど、横軸は遠くまで進みます。

次に縦軸の "未来を見る視点" ですが、これは将来のことや行く末を考える対象がどこまで広いか、という指標です。自分の将来、家族の将来、友人の将来、知人の将来、社会の将来……自分と縁のない、今はまだ知らない人たちの将来を真剣に想像することができる人ほど縦軸は上まで進みます。

この横軸と縦軸の平行線が交わって出来る四角形、これが "幸せＢＯＸ" なのです。他人のことを自分のことのように想い、社会のことに思いを馳せることができる人は横軸と縦軸が伸び、その結果四角形の面積が大きくなり、〝幸せＢＯＸ〟が大きくなります。

利他主義者とは、この〝幸せＢＯＸ〟が大きい人のことです。知人や他人、競合他社や他の地域の環境・社会のように、直接自分とは関係のないことにまで思いを馳せることが出来る人ほど〝幸せＢＯＸ〟は大きくなり、この〝幸せＢＯＸ〟が大きい人ほど、人もお金も情報もたくさん集まってくるようになり、運の力も大きくなるのだと思います。

〝リーダーシップを持つ人〟は、ほぼ例外なくみんなが利他主義です。常に誰かのこと、誰かのためになることを考え続けています。このギブアンドギブの精神が自身の〝幸せＢＯＸ〟を大きくすることに繋がり、その結果、〝リーダーシップを持つ人〟というのは喜びという大きな報酬を受け取っているのかもしれません。

人は誰しも幸せになりたいと願います。では幸せになるためにはどうすれば良いのか、自分の中で方法が定まっているのであれば、それを行動に移してください。でももし、何をすれば良いかわからないという人がいれば、〝幸せＢＯＸ〟の話を思い出して、心の距離が遠い人（他人）のことを思いやり、その未来のために行動してみましょう。目の前の事だけにとらわれず、見えない未来を見ること。そうすればあなたの〝幸せＢＯＸ〟も少しずつ大きくなっていくでしょう。

リーダーシップが組織に成すべきこと

ある居酒屋で友達と食事をしていた時のことです。炭火焼の地鶏が食べきれずにしばらくお皿の上に残っていました。すると若い女性の店員さんが「別の味に変えてお持ち致しましょうか？」と言ってきたので、それならばとお願いしてみると、ポン酢で和えられた地鶏の炭火焼が運ばれてきました。これがとてもさっぱりして美味しく、しかも無料のサービスとのことでした。その対応に感動していると彼女はこう言いました。「生産者さんに感謝しながら働いているので、お客さまにはなるべく残さず食べて頂きたいんです」

彼女の対応はマニュアルや店長の指示に基づくものではなく、お客さまの表情や注文状況を見ながら、彼女の判断で自由にやっているとのことでした。

このお店を経営しているのは株式会社エー・ピーカンパニー。『塚田農場』や『四十八漁場』などの居酒屋チェーンを全国に展開する会社です。同社の特徴は、食品の生産者から流通、加工、販売までを一貫して手掛けるビジネスモデルにあります。宮崎県の地鶏農家と出会った米山久社長が、「自分に出来ることは何だろう？」と自問自答する中から、このビジネスモデルは生まれました。このお店を訪れると、「一次産業の方々の生活をもっと良くしたい」という彼の想いが、店の隅々まで行き渡っているのを感じます。

現場で働く人たちの〝マニュアルに収まりきらないアクション〟の根本にあるのは、米山社長が打ち出した〝ビジョン〟にあると思います。〝ビジョン〟とは、〝働く目的〟とも言えます。その〝働く目的〟が正社員からアルバイトの人まで、メンバー全員に浸透しているからこそ、それが現場での行動となって現れるのです。

いま最前線で活躍している〝リーダー〟たちは、〝リーダーシップ〟を理解し、権限を現場に移譲してメンバーたちに支えられることで、組織を勝利へと導いています。最高の〝リーダー〟は何もしないと言われますが、絶対にしなければならない仕事が1つだけあります。それが**〝ビジョン〟を掲げ、メンバーと共有すること**です。夢を語ること、熱意を伝えること、出来ると信じること。

僕も『ディオーネ』の〝リーダー〟として、株式会社エー・ピーカンパニーのように、かけがえのない大切なみんなと〝ビジョン〟を共有して、日々のサロンワークに誠心誠意尽くしていきたいと思います。

僕が出逢った強烈なリーダーシップ

僕は人に会うのが仕事でもあるので、これまでたくさんの人にお会いし、"リーダーシップを持つ人"にもたくさん会ってきました。その中でも一番強烈な"リーダーシップ"を感じた人が、他の章でも何度かお名前を挙げている、株式会社グラント・イーワンズ代表取締役、稲井田章治社長です。

稲井田社長とは4年ほど前にご縁を頂き、それからは人生の師と仰いでいます。この方は、ご自身の会社がまだ業績拡大の半ばであったにも関わらず、世界の貧困層にいる人たちに対して貢献できることにも目を向け、バングラデシュの子供たちのために早くから支援事業を立ち上げ、2013年にはバングラデシュ・ヘマエットプールの農村に学校を設立されました。子供たちの未来に希望の光を届けられる活動を、全社一丸となって取り組んでおられます。

2014年の秋、僕は稲井田社長から「岡井さん。今度開催する記念式典で応援団をやってほしいんだ。頼んだよ」と声をかけられました。僕は元来お祭り好きなので、こういったお誘いは嬉々として受けるのですが、今回ばかりは一瞬戸惑いました。と言うのもその記念式典とは社内の忘年会のようなレベルのものではなく、株式会社グラント・イーワンズの設立10周年と年商100億円の達成を祝うもので、海外からのご来賓を含め、全国から4000人ほどが集まる、とても大きなパーティなのでした。そのような大きなイベントで当然失敗は許されません。

しかし今の自分があるのは稲井田社長と出会ったおかげ。であれば期待に応え、社長のとびっきりの笑顔を見たい！　そう気持ちを切り替えた僕は応援団団長を引き受け、未体験の応援パフォーマンスの世界に飛び込みました。

今回のパフォーマーとして、ダンス経験は0、しかしモチベーションだけは誰よりも高い10人が集まりましたが、いずれも各々が事業経営を行う代表取締役。北は北海道、西は山口県とエリアもバラバラ、揃って練習する機会は数えるほどしかありませんでした。ただ僕らの中には「出来ない・無理・不可能」という言葉をつぶやく人間は1人もいなかったので、プロのダンサーに依頼して本格的なスタジオを手配、練習の質を高め、その不利を覆しました。

そして本番当日、僕らの応援団パフォーマンスは大歓声の中で終了し、稲井田社長のとびっきりの笑顔を見ることが出来ました。舞台裏でみんなが抱き合い、感動の涙を流したことを昨日のことのように覚えています。

一体なんのエピソードやねん、と読者の方は思われるかもしれませんが、僕を含めて10人のメンバーはいずれも時給数万円を稼ぐ高給取りです。そんな人間たちが、なんの報酬も出ない応援団の練習に仕事の合間を縫って飛行機で駆けつけ、何十時間もかけてダンスを覚えるのです。「ただ稲井田社長の笑顔が見たい」、それだけの理由で、です。

これが〝リーダーシップ〟の本質であり、〝人たらしプロフェッショナル〟の神髄だと思います。メンバー全員が稲井田社長から様々な場面で恩を受けており、その恩が大きすぎるため、このような頼み事は造作もないことでした。

余談になりますが、何の報酬も出ない応援団と言いましたが、実際はそうではありません。後日、稲井田社長が応援団の仲間10人が集まる場を作って下さり、僕たち全員にこの時の労をねぎらい、お心付けを下さいました。この時に限らず、僕たちは稲井田社長の優しさ、思いやり、気配り、そして粋な計らいにいつも多くのことを学ばせて頂いています。そんなお心づけの封筒に入っていた〝お気持ち〟にはいつまでたっても手をつけることができず、今もずっと恵比寿様と一緒にいます。これは僕の一生の宝物です。

助けを必要としている人がいたら助ける。その結果、そんな人のまわりには、優しくて幸せな人たちが集まりはじめます。人は必然的に良い人をパートナーとして選ぶので、結

稲井田社長から頂いたお心付け。恩返しのつもりが結局また御礼をされてしまいました。

２０１５年１０月２７日、株式会社グラント・イーワンズ１０周年記念式典の様子。左上のカットが応援団の集合写真。

果、良い人は仲間から必要とされ、会社からも必要とされ、社会からも必要とされます。あなたが"リーダーシップ"の本質をこの章で理解し、噛み砕き、身につけることができれば、あなたが孤独になることは絶対にありません。大切なのはほんの少しの心構え、それだけなのです。

第四章

お金が集まってくる考え方

お金の本質

皆さんはこんな都市伝説を聞いたことがありますか？　”お金を燃やすと、人を焼いた匂いがする“。お金を故意に焼く人はあまりいないので実際に匂いを嗅いだ人は少ないかと思いますが、僕のまわりでは結構有名な話です。なぜそんな匂いがするのでしょうか？

1つには人の手で触れるうちに指先の皮脂がついたという説がありますが、興味深いもう1つの説として、**お金というものには人間の思念が込められており、無機物のなかで最も人間に近いから、**というのがあります。だからこそ人間と同じ匂いがする、というのです。

”勘定“という言葉は、人間の”感情“から由来したとも言われており、この言葉が出来た時代で既にお金というものは感情に深く関係するモノだという理解が広まっていました。僕の経験上、この考え方はまさにお金の本質を突いており、このお金に対する考え方で人生は１８０度違ったものになり得ます。ここではお金の本質についてお話しします。

相思相愛の法則

人間関係において、好きになってくれる人を好きになってしまう〝相思相愛の法則〟というものがあります。実はこの法則はお金にも当てはまります。お金は、自分のことを大切にしてくれる人のもとに集まってきます。逆にお金を持つこと、またはお金を稼ぐことに罪悪感を持つ人のもとには、お金は絶対に集まってきません。

僕の尊敬する知人でものすごい仕事が出来てその分いっぱい稼ぐ女性がいますが、彼女は1万円札に名前をつけています。そしてその1万円札の目立たないところに名前を書き、使う度に名前を呼びながら、「ありがとう。また私のところへ帰って来てね」と呼びかけるのだそうです。レジの店員さんに聞かれないよう小声で（笑）。すると驚くことに、ある時その名前の書いた1枚の1万円札が彼女のもとに帰ってきたとのことでした。**お金と相思相愛の関係であれば、出すと必ず大きくなって戻ってきます。**それがお金です。

そしてお金と相思相愛になるにはコツがあります。それは〝お金を感謝の対象として見る〟ことです。受け取る時も支払う時も、お金に感謝をするのです。そして「お金を得たのはみんなのおかげ」と考えること。自分のためだけにお金を使うような人のところにはお金も気持ちよく集まって来てくれません。特に経営者は従業員のためにお金を使うべきです。なぜなら経営者の器が会社の規模に比例していくからです。

「なぜ稼ぎたいのか？」を自分自身に問う

これまでの話からすると、お金を求めれば求めるほどお金が集まってくると考える人がいるかもしれませんが、そうではありません。あなたのまわりにお金を欲している人がいたとして、その方に「今いくらお金が必要？」「そのお金で何をしますか？」と尋ねてみてください。即答できる人はほとんどいないと思います。なぜならばその人は、**お金を得ることが〝手段〟ではなく、〝目的〟になっているからです。**「やりたいことがある、だからお金が必要」となるべきところが、「お金が欲しい」で止まってしまっているのです。

お金はそれ自体を〝目的〟としている人のもとには集まってきません。僕のまわりの稼ぐ人たちの中に、そのキャリアのスタート時点で貧乏のどん底だったという人がたくさんいます。シングルマザーで職も失い、稼がないと子供のミルク代も出ない状況だった人や、重い病気に罹り手術代を捻出しないと自分の命が失われる状況だった人など、今でこそ笑顔で話してくれますが、本当に当時は大変だったのだなと胸が苦しくなる時もあります。
この人たちは強烈にお金を欲していましたが、あくまでお金は〝手段〟だったのです。お金を〝手段〟と捉えている人は、お金を〝目的〟と捉えている人よりも、行動力があり、継続性があり、躊躇しません。月給30万円超えたいと考えている〝お金が目的の人〟と、学費を後30万円貯めないと子供が退学になる状況の〝お金が手段の人〟、どちらが必死に働くのかは一目瞭然です。あなたが本当にお金を得たいのであれば、なぜそうする必要があるのか、この答えを明確にしておきましょう。

最後に1つ言っておきたいのは、お金自体に価値がある訳ではなく、お金を稼ぐ能力にこそ価値があるということです。〝稼ぐ力〟とは、自分の可能性を実現する能力であり、夢を実現する能力です。EQ（感情指数）や先見性、やりきる力などの総合力が〝稼ぐ力〟とも言えます。そして〝お金持ちの考え方〟をすること。それは、〝もらうこと〟ではなく〝与えること〟、先延ばしにせずすぐ実行すること、成功者に嫉妬するのではなく尊敬すること、受け身ではなく積極的に挑戦すること、成功を特別視せず誰もが出来ることと考えること……あなたが持っているお金が財産なのではなく、あなたの考え方、人間性が財産です。自分は稼げると信じること、それこそがお金の集まる第1歩なのです。

みんな貧乏のプロ養成講座を受けている

あなたのご両親は何の仕事をしている人でしょうか？　農業を営んでいる、飲食店で働いている、商社勤務、保険の外交員、医者、デザイナー……。どのような職業に就いていようと、自分をここまで育ててくれたご両親を尊敬し、悩みを相談したり、アドバイスをもらったりすることがあるかと思います。これこそ正しい家族のコミュニケーションでしょう。しかしあなたが将来大きな富を得たいと思っているのであれば、ご両親の言うことを聞いてはいけません。なぜなら、ご両親は大きな富を得た経験がないからです。

ご両親というのは心の底からあなたのことを愛しています。だからこそあなたが失敗しないように熱心にアドバイスをくれます。しかしそれはご両親の価値観・考え方を前提としたアドバイスなのです。金融資産1億円以上を富裕層とすると、日本には1.8％しかおらず、残り98・2％は富裕層ではありません。ということは、ほとんどの人のご両親は富裕層ではないということです。

当たり前ですが、サッカーをやったことがない人にサッカーを教えてもらう人はいません。英語を話せない人に英会話を習っても上達はしません。あなたが将来大きな富を得たいのであれば、ご両親ではなく、既に富を得ている人からアドバイスをもらうべきなのです。

幼少期で差がつく事業経営者の素質

第3章『商売人から事業経営者への脱皮』にて、10年で9割以上の会社が倒産するとお伝えしました。この過酷な生き残り競争を勝ち抜いている事業経営者が僕のまわりにもたくさんいますが、その8割程度は昔やんちゃしていた人（簡単に言うとヤンキーハート）でした。その他2割はアスリート経験者や元団体スポーツのマネージャー経験者、そして家がお金持ちの人という構図です。なぜこのような構図になるのでしょうか？

まず元々家がお金持ちの人に注目しましょう。これは前述したように、ご両親が既に富を得ているので、そのアドバイスを聞いているだけで富を得る可能性が高くなります。具体的に言うと、お金持ちの家庭には〝帝王学〟という〝稼ぐ力〟を体系化した、富を得るための学問が代々伝えられています。僕は大人になってこういった人たちと知り合うことで、初めてそのような教えがあることを知りました。もちろん学校では教えてもらえません。つまり彼らは幼少期からお金持ちのプロ養成講座を受けているわけです。

次にアスリート経験のある人を見てみましょう。人生において一度でも本気でスポーツに取り組んだことがある人は並外れて根性があります。スポーツの世界は華やかに見えますが、そのほとんどの時間は、身体と精神を限界まで酷使する練習に費やしています。日本社会でそこまで自分を酷使する労働はほとんどないので、そこを乗り越えてきた経験は一生の財産となります。採用の際に企業がアスリート経験者を優遇するのはそのためです。

いざ起業して壁に直面しても、彼らはちょっとやそっとではへこたれません。成功するまで努力を積み重ね、逆境も跳ね返してしまうのです。体力もずば抜けているので、一般の人よりも長時間働けます。まさに戦う企業戦士です。

では多数派を占める元やんちゃ組を見てみましょう。彼らは幼少期の頃から親の言うことを聞かずヒョイヒョイとかわしながら大人になってきたので、貧乏のプロ養成講座を受けずに済んでいます。そして基本的には我が強く、しっかり自分の考えを主張できる人が多いです。リーダーに求められる要素として〝ビジョンを掲げ共有する力〟を挙げましたが、これは明確に熱意をもって、自分自身の夢を語ることが必要となります。元やんちゃ組は、この熱意という点において目を見張るものがあります（明確に語れるかは人それぞれですが）。そして、まわりの人が全員右を向いたとしても、「俺は誰とも違う俺の一本道を進んでやる！」と左を向く、そんな度胸を持っています。

もう1つ挙げると、元やんちゃ組は自分自身の能力を過大評価しません。学力という点において少なからず劣等感を持っていますし、褒められた経験もそれほどないからです。だからこそ自分の今の場所で全力を尽くそうとします。「俺はこんなところでくすぶっている人間じゃない」と思いながら働いている頭の良い人よりも、よっぽど一生懸命働きます。

日本の経済が回復したと言っても多くの家庭ではその実感が湧かず、個人消費は冷え込んでいます。サラリーマンの平均年収も下がり続け、父親と同じぐらい稼げる可能性も少なくなっています。こんな状況だからこそチャレンジが必要です。まわりの意見に左右されず、自分のやりたいこと、世の中に求められること、将来を見据えて行動しましょう。そして誰かに言われた方向へ1歩を踏み出すのではなく、自分の心の声に耳を傾け、道なき道へその1歩を踏み出すのです。あなたのチャレンジを期待しています。

第五章

編集部取材へ岡井秀元と出逢った人たち

”想い“は伝わる

今回、『人たらしプロフェッショナル』を発行するにあたり、編集担当者さんから1つの提案がありました。それは「岡井社長と一緒に過ごす時間の長い従業員の人やお友達、お取引会社の人にインタビューさせてほしい」というものでした。日頃僕がどのような発言をし、どうような行動をし、まわりの人とどのようなコミュニケーションを取っているのか、第三者の口から語ってもらったほうが書籍に説得力が生まれるとのことでした。

確かに”人たらし“と謳っている以上、それが単なる独りよがりの”自称人たらし“ではいけませんし、また、まわりの人たちのフィルターを通して自分がどのように見えているのか興味もあったので、了承しました。その後僕がしたことと言えば、大きなことはインタビューに協力してくれる人たちをリストアップしてその連絡先を教えたぐらいで、後は編集担当者さんの裁量にお任せするというスタイルを取りました。とはいえ内容については、書籍全体を通した統一表記や文字の間違いを除いて余分な脚色はせず、可能な限りインタビュー対象者の表現を使用するとのことだったので、言いたい放題言われやしないか戦々恐々としていました。

しかしそこに書かれていたことは想像とは違ったものでした。詳しくはこの後のページをめくって確認して頂きたいのですが、1つ言えることは、僕はこの”志事“をしていて本当に良かったと心から思える内容だったことです。僕の何気ない一言や行動がこんなにもみんなに大きな影響を与えていたのだということに初めて気づかされました。そしてみんなに対しての僕の”想い“と同様に、みんなも僕に対して”想い“をもって接してくれていることが伝わり、とても感動しました。


そういった経緯もあり、この第5章の著者は僕ではなく、僕のまわりの人たちです。そこで語られている僕とのエピソードや『ディオーネ』との出逢いはいずれも本当の話です（僕のことが美化されている可能性が十二分にありますが）。

出逢った年代もバラバラですが、その当時に思いを馳せ、僕も皆さんと同じようにページをめくりたいと思います。

赤い糸を超えた絆

株式会社カンナ　代表取締役
——鉄穴英明

岡井秀元社長、この度は『人たらしプロフェッショナル』のご出版、誠におめでとうございます。正直なところ、岡井社長からご連絡を頂きお会いした当初は、ここまでの関係になるとは思っていませんでした。

お電話を頂いた時、「保険事業の延長で話を聞きに来られるのだな」と思い、その関連でお客さまのご紹介を頂ければラッキー、という程度に考えていました。しかしお忙しい中はるばる大阪からやって来られたので、包み隠さず全ての事をお話させて頂きました。

思えばそれが"奇跡"の始まりでした。ただ、本書にて、「脱毛業界の黒船がやってきた!」

『ハイパースキン脱毛機KAREN』で片方だけ処理したワキを見せ合う岡井社長（左）と私（右）。商品の効果を自分自身で体験する、これもしっかり真似されました（笑）

と表現されるほどの強い衝撃を受けたと記されるこの日の会談ですが、思い出すと少しの罪悪感を覚えるのです。と言うのも当時、私はインドネシア産の〝ガラムタバコ〟を愛煙しておりまして、禁煙中の岡井社長に「どうぞ」とお勧めしてしまったのです。今では〝ガラムタバコ＝岡井社長〟となるほど愛煙されておられるようですが、勧めた当の私はその数年後、ちゃっかり禁煙に成功してしまいました。岡井社長、ゴメンナサイ！　未だに心が痛みます。

私が思うに、岡井社長の仕事術、いや、〝志事術〟の基本は、まず〝真似ること〟ではないでしょうか。良いことも悪いことも、仕事も遊びもまず真似る。禁煙中にもかかわらず、吸っている煙草の銘柄まで真似る（笑）。

その、真似て盗んで身につけたものに自分の色をつけていき、超えていく。言葉にすると簡単に聞こえますが、容易なことではありません。言葉どおりに成し遂げるのは物凄いことです。

そして真似られたのは煙草の銘柄だけではなく、初めてご一緒したゴルフ場にて、ホールインワンを達成するコースまで真似られてしまいました。本書でも触れられている雷山《らいざん》ゴルフ場16番ホールでのホールインワン事件ですが、私にとっても忘れられない衝撃的なことでした。私が最後に出したホールインワンと同じコースで、初めてのホールインワンを達成された……天文学的な確率、というよりも、ありえないことだったと感じています。

まさに〝奇跡〟としか言いようのない事件でありましたが、その後も私は岡井社長が数多くの〝奇跡〟を起こして来たのを目の当たりにしました。その〝奇跡〟の最たるものが、今や120店舗を越える一大フランチャイズチェーン『ディオーネ』の大成功でしょう。

当時、岡井社長は私の主催する脱毛セミナーに、大阪から毎月はるばる足を運び、私の全てを真似て、身に付け、そして私以上に猛烈な勢いで『ハイパースキン脱毛機KAREN』を広めていきました。その記念すべき『ディオーネ』の直営1号店は、現在『ディオーネ』のエグゼクティブマネージャーを務めておられる坂本麻衣子さんが、弊社直営エステサロン『KAREN　天神本店』に1週間の研修の後にオープンされました。

わずか1週間の研修でお店をオープンするまでのノウハウを身につけたことに驚くしかありませんが、今日の『ディオーネ』の大躍進には、今や岡井社長の片腕、いや両腕となっ

人生の良きパートナーとなった岡井社長（左）と私（右）。会えば童心に帰れる希少な友人の１人です。

た彼女の存在も大きかったと思います。胸も大きいし（笑）。

本人の努力はもちろんですが、岡井社長はこのように能力ある人材に恵まれ、周囲の人たちを巻き込む力、まさに〝人たらし〟とも言うべき能力がずば抜けており、だからこそこうして本を出版するまでの成功を収めることができたのだと感じています。

この人間らしさ溢れる好人物〝大阪のオッチャン〟こと岡井社長と私は、大阪と福岡と距離こそ離れておりますが、兄弟のような、時には昔から知っている幼なじみのような、そんな感覚で繋がっているように思います。私のほうが年下ですが、言いたいことを言い合い、時に熱く議論してしまう、気の置けない友人のような間柄と言えます。

私たちは、前世でどのような繋がりがあったのか分かりませんが、やはり今世でも巡り逢う運命であったとしか思えず、たとえ死んでも天国か地獄のいずれかでまた巡り逢い、来世でも巡り逢うのでしょう。それは〝赤い糸〟なんてロマンティックなものではなく、たとえれば関門《かんもん》海峡に架かる橋を吊り下げているような〝絶対切れない黒いワイヤー〟で繋がれた絆であると、私はそう信じています。

岡井社長は趣味が〝志事〟と明言されていますが、時には頭も身体もゆっくり休めて、どうぞ健康に留意され、ともに人生を楽しみましょう！　そして岡井社長がこれから起こしていく新たな〝奇跡〟を楽しみにしています！

追伸

そんな運命の相手たる私からご提案ですが、岡井社長、是非〝合同生前葬〟をやりませんか？　生前葬とはその名の通り〝生きているうちに行う葬儀〟で、本来出席できないはずの自分の葬儀に喪主として参加できるので、好きなやり方で行うことができます。岡井社長と僕にぴったりの葬儀ではないですか（笑）？　ドクターサポート株式会社と株式会社カンナ合同で、この〝やんちゃな2人〟の生前葬が出来たらすごく面白いだろうな、なんて思うのです。2人が元気なうちに、ご検討くださいませ。

売上よりも大切なこと

ディオーネ鹿児島鹿屋店　代表
——・緒方奈津美

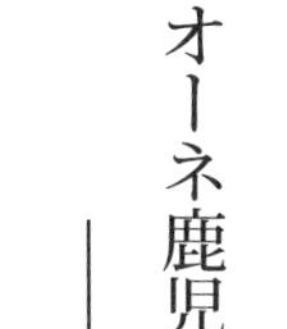

今回、岡井社長が書籍を発行するにあたり、担当編集の方から原稿のご依頼を受けたことをきっかけに岡井社長とのことを振り返ってみましたが、まだ5年しか経っていないのだな、というのが率直な感想です。

当時すでにエステサロンを運営していた私は、既存店の新メニューとして岡井社長の脱毛機を導入しようと考え、真夜中にメールさせて頂きました。書いた内容が、とにかくできるだけ早くお話を聞きたい、体験したいというわがままな内容だったにも関わらず、翌朝にはお返事頂き、その週には大阪から鹿児島まで駆けつけてくださいました。

対応が早いことと、お話しした時の熱心で一生懸命な姿に、初めてお会いしたにも関わらず強い信頼感を抱いたのを覚えています。

商品についても、脱毛機を実際に体験してみて、これは絶対にお客さまに喜んでもらえると確信しました。一般の脱毛機よりもかなり高額でしたが、迷いなく導入を決意できたのは、商品に対する自信と、後は岡井社長のお人柄でした。

あっという間の5年間でしたが、前に進む時も、迷った時も、いつも心の支えになって頂き、不安なく一歩を踏み出せてきました。私を含め主人やまわりの人をも気にかけてくださり、会う度に優しさとパワーをもらってきました。

何年か前に私が体調を崩したことがあり、病名をお伝えするとインターネットで調べたのか、お医者様より早く「あれせえ」「これせえ」と対応をご連絡頂き、本当に嬉しかったです。岡井社長の心の中にはたくさんの愛情と温かさがあり、素直でいつもまっすぐで駆け足で、社長に対して失礼かもしれませんが、どこか母性を見出してしまいます(笑)。

そんな社長がトップに立つ『ディオーネ』ですが、働くうえで私たちが一番大切にしていることは売上ではありません。お客さまに「『ディオーネ』を選んで良かった!」と、心から満足してもらうことです。だからこそ自分の大切な家族だと思って接するよう心がけています。それは岡井社長の想いと同じです。自分だけ幸せでも本当の満足は得られず、

岡井社長（右から２番目）が鹿児島まで来てくれた時に、桜島をバックに撮影した記念写真。１番右が私。夫（左から２番目）と従姉妹も一緒に。

誰かを幸せにできていると実感することでやっと自分も幸せと思える、それが本当の幸せだと思います。

岡井社長とのご縁のおかげでそれをより実感できており、素敵な日々を過ごせていると感じています。言葉ではうまく表現できませんが、思いやりの気持ちをもって進めば、その道の先には絶対に幸せがあると思っています。私がそうであったように、心ある社長との出会いでこれからもたくさんの方が幸せになっていくと思います。

最後にこの場をおかりしまして……。

岡井社長、いつもありがとうございます。出会えて幸せです。これからもずっとずっと宜しくお願い致します。

”可能性を信じてもらえる“という喜び

株式会社Grow up（グロウアップ）
ディオーネ名古屋駅前店、栄店、金山駅前店　代表取締役
——升谷安菜

平成26年の春だったと思います。当時エステ関連の企業に勤めていた私はただ業務に追われ続ける毎日を過ごしていました。そんな中、漠然とですが頭に”独立“の2文字が浮かぶようになりましたが、起業するためにはどうすれば良いのか、知恵を絞るもののなかなかアイデアが出てこない状態でした。

そんなある日、なんとなく”脱毛“のフレーズが頭に浮かんだ私は、インターネットで”脱毛“について調べてみることにしました。過去の経験から極度に痛みが嫌いな私は以

前から「この世に痛くない脱毛があったら良いな」と思っていたので、自分の願望を込めて検索ワードを入力してみました。そして出逢えたのが『ディオーネ』でした。

そう。その検索ワード、すなわち岡井社長と私を繋いでくれた魔法の言葉は〝痛くない脱毛〟だったのです。


〝痛くない脱毛〟に感銘を受け、『ディオーネ』のウェブサイトを食い入るように見ました。そして〝フランチャイズ募集〟の文字を見つけた瞬間、私の身体には衝撃が走り、即座に「絶対に自分もやってみたい！」と思いました。気がついた時には電話をかけており、その対応をしてくださったのが著者である岡井社長でした。

話す内容も整理しないままその場で電話をしてしまったので、何を聞いて良いのかわからず戸惑っている私に対して、岡井社長は「一度、大阪まで話を聞きにおいで」と言われました。「それってお金がかかるのですか？」と咄嗟に不躾な質問をしてしまったのですが、岡井社長は「そんなんでお金取る奴おらへんやろ」と私の質問を笑い飛ばしてくれました。その言葉を聞いた私は安心して大阪まで会いに行くことができました。

実際に岡井社長にお会いした第一印象は「すごく話しやすい関西の人」でした。本当を言うと見た目がちょっと怖いな、とも思いましたが(笑)。ただ電話で話した印象と変わら

当社1店舗目であるディオーネ金山駅前店がオープンするにあたり受講した研修を終えて、記念写真を撮る岡井社長（左）と私（中央）

ず優しくて親切な方で、丁寧にわかりやすく事業のことをお話ししてくださり、その姿は自信に満ちあふれていて、「自分も同じようになりたい！　よし、出店しよう！」とその場で独立することを心に決めました。最初にお会いしたのが岡井社長でなかったら、即断はできなかったかもしれません。

　岡井社長と一緒にお仕事をする中で日々感じるのは、岡井社長には〝統率力〟があり、その根っこには〝純粋で情熱的な心〟があるという点です。人の幸せを第一に考え、いつも素直に感動し、よく泣きます(笑)。日頃から側にいるスタッフの人たちからの信頼感がとても強いことを考えるとよくわかるかと思います。

　岡井社長とのことで1つ印象的なのが、私の夢について語ったときです。「独立して事業をしたい」「社長になりたい」という夢を語った時、それを聞いたほとんどの方に「そんなの無理でしょ」と鼻で笑われました。

そんな経験もあり、自分の夢をあまり人に話さなくなっていたのですが、なぜか不思議と岡井社長には自分の夢を語っていました。岡井社長は私の話に耳を傾け、最後まで聞いた後に一言、「ディオーネならその夢はきっと叶うよ」と微笑んでくれました。この温かい言葉で背中を押してもらったこと、生涯忘れることはできないと思います。

今でこそ私も経営者となり、3店舗ほどサロンを展開していますが、これは全て岡井社長との出逢いがあって人生が変わった結果です。今思えば、私自身が思う以上に、岡井社長は私の可能性を信じてくれたのだと思います。信じてもらえたからこそ、初めの一歩を踏み出すことができました。このことは本当に感謝しており、感謝以外の言葉は見つかりません。いつかこのお礼をさせて頂きたいので、これからもどうかお身体には気をつけて、みんなの夢を叶え続けてくれる大きな存在でいてください。

魅力溢れる大社長

ディオーネ東加古川店及び姫路駅前店　代表

――岡崎絵理

起業した頃の私を振り返ると、よくあの知識で独立できたものだと今でも驚いてしまいます。バランスシートやキャッシュフローなどの専門用語ばかりか、経営自体も全くわからなかった私がこうやって起業できたのは、著者である岡井社長の陰ながらのアシストがあったからだと言えます。

さかのぼること3年前、２０１３年当時の私はビジネスに関して全くの無知でしたが、「将来独立してエステサロンをやるんだ！」という意欲だけは不思議と人一倍ありました。そんな中、たまたまインターネットで見つけた〝痛くない脱毛〟〝ハイパースキン〟『ディオーネ』“という言葉が強く印象に残り、直感で事業説明会に申し込みました。

そこで初めて岡井社長に出会ったのですが、（お会いした皆さんが声を揃えて言っていますが）見た目がちょっぴり怖く、「これは変なところに来てしまったのかもしれない……」と一瞬本気で後悔しました(笑)。ただ、脱毛機の性能、なぜ痛くないのかという理論、そしてご自身で設立された『ディオーネ』というサロンについて熱意を持って真剣にお話される姿に、当初抱いていた私の不安は解消され、それればかりか「この事業に取り組んでみよう！」という気持ちにさえなりました。

しかし私にはまだ幼い3人の娘がおり、サロンを経営する自己資金もない状態でした。事業説明会を終えた後、私の顔が曇っているのを察したのか、岡井社長が声をかけてくれました。そして当時28歳で経営の〝け“の字も知らない私の拙い質問にも親身になってお答え頂き、時間を割いて様々なアドバイスをしてくれました。それでなんとか気持ちを奮い立たせ、脱毛サロン経営というものを前向きに捉えることができました。

起業を決意して準備を行う間にも何度もご連絡を頂き、「今どうなってる？　大丈夫か？困ったことないか？」などと本当に気にかけてくれました。

無事オープンを迎え、コネも人脈もない中でたくさんのお客様にご来店頂くことができたのですが、これも岡井社長と会社の人たちが失敗しないためのたくさんの制度を作ってくれ、『ディオーネ』という安心できるブランドを確立してくれていたからだと思います。

サロンのオープンから一周年を迎えた時、お客さまへの感謝の気持ちを伝えるためにささやかながらパーティーを開催させて頂いたのですが、岡井社長はお忙しい中都合を調整して駆けつけてくださいました。そして大きな花束を私に手渡しながら、「おめでとう！」と優しく微笑んでくれたこと、昨日のことのように覚えています。お越し頂いたお客さまとも楽しそうに会話をしてくださり、その後お客さまからも「気さくで楽しい社長さんですね」とお褒めの言葉も頂戴しました。

『ディオーネ』は全国１２０店舗を超える大型チェーンで、そこの社長さんともなればそれこそ事業の進め方や情報収集などすべきことが山積みで、多忙を極めているはずです。オープン時ならまだしも、その内の1店舗の1周年に大阪から姫路のパーティ会場まで車を飛ばして来てくださったことには、本当に驚きましたし、嬉しかったです。

その後、岡井社長と直に接する機会も増えてきましたが、その度に岡井社長の人間としての大きさ、優しさを強く印象づけられ、そしてまわりの人への気遣いの大切さに気づかせてもらっています。岡井社長の見た目は少々ワイルドで、口調も大阪弁で時々怖いですが、中身は愛情に溢れ、性格に裏表がありません。まわりの人がどうしたら喜んでくれるのか、笑顔になるかをいつも一番に考えているのではないか、と思うほど人に対して愛情

東加古川店の1周年の際、お祝いに駆けつけてくれた岡井社長（右）との記念写真。中央が私。

深いです。

自分のことよりも私たちのこと。サロンのこと。従業員のこと……いつもまわりを優先するそんな人柄だからこそ、素晴らしい人たちがまわりに集まってくるのだと思います。起業を志す人が岡井社長の人間力に触れ、夢を実現し、これからも『ディオーネ』の数は増えていくと思います。私もそんな人間力に触れ、岡井社長だからこそ『ディオーネ』に入りたいと思った1人です。

これからも岡井社長、『ディオーネ』と共にしながら人間力を磨き、成長させて頂きたいと思っています。そして今までもらったたくさんの優しさと愛情を、どこかで必ずお返しさせてください。この出会えた環境に、心から愛と感謝を込めて。

共に想いを共有するスタッフへの感謝

R&D株式会社　代表取締役
――――・三吉清美

初めまして。『ディオーネ』草津店のオーナーをさせて頂いております三吉と申します。私と岡井社長との出会いは4年前。当時の私はごく普通の主婦で、子育ても少し落ち着いた頃でした。小学校高学年になる娘が毛のことで悩みを抱えていたので、この年頃の娘にも体験できる脱毛はないかとインターネットで調べていたところ、”痛くない“”子供でも安心“という脱毛機（ハイパースキン脱毛機ＫＡＲＥＮ）があることを知りました。20年ほど前はエステ業界におり、大手サロンで痛くて辛い脱毛しか学んでいなかったので、本当にそんな夢のような機械があるのかと時代の進化に驚くと同時に、心がざわざわした

ことを今でもはっきりと覚えています。
すぐさま資料請求を行い、岡井社長にお時間を頂き、本社へ向かいました。そこでお会いした岡井社長は気さくで優しい、本音を言うと品の良い漫才師みたいな印象でした(笑)。ですが脱毛機に関する話になると表情が変わり、情熱的に様々なお話をして頂きました。あまりにも肌トラブルの多い業界なので安心・安全な脱毛を実現したいという想いで動いた結果、人との出逢いで素晴らしい商品に巡り会えたことや、スタッフ研修施設の設立や『ディオーネ』拡大のための計画などもお聞かせ頂き、経営者としての経験の幅や深さを感じました。

脱毛の体験も含めると半日ほどはいたでしょうか、本社を出た帰りの電車の中では既に「自分の店を持ちたい」という気持ちに変わっていました。エステ業界を離れ、20年近く時が過ぎているのにも関わらず、不安はありませんでした。この岡井社長との出逢いが今につながる全ての始まりだと言え、まさに誰と関わり、ご縁を頂けるかが人生においてとても重要なことなのだと感じています。

『ディオーネ』を展開するドクターサポート株式会社は通常のフランチャイズを統括する会社とは異なり、オーナー会議などでも数字や売上を示す内容ではなく、人としての〝在り方〟や〝想い〟、ときには運を引き寄せる方法、そんな内容をたくさん教えて頂き、学

共に想いを共有するスタッフとの一枚。上段右が私。

ばせて頂ける会社です。その貴重な内容は、岡井社長の先の執筆の通りでございます。

岡井社長の考え方をたくさん教えて頂いておりますが、オープン当初は、「そんな風に物事を捉えられたら良いなぁ」とか「そうは言っても時間がない……」など今では考えられないほど後ろ向きな考え方をしていました。それでも素直にひとつひとつ実践しようと思う気持ちだけは大切にしてまいりました。そうして過ごしていると、会議翌日に必ず大口のお客さまに出逢えるようになり、スタッフ増員、機械増設、毎月毎月前年比を上回る売上を出し、現在も更新中でございます。

運を引き寄せる人としての〝在り方〟。嘘のような本当の現状に驚きながらも、日々〝在り方〟を実践しているところです。

オープンして2年目を過ぎたころ、あるオーナー会議の際に私がお話をする場を頂戴したことがありました。設立の苦労やスタッフに支えてもらったことなどを発言した時、私の言葉の内容に涙したスタッフを見た岡井社長が目頭を熱くされて、「こうして一緒に涙してくれるスタッフがおってくれるって幸せやね」とおっしゃってくださいました。本社のスタッフの皆さんはもちろん、私のスタッフまで大切に思ってくださることに大変嬉しく思いました。

岡井社長とご縁を頂くまでは平凡な人生を送っていた私ですので、全てが順風満帆とは言いきれず、時に困難もございました。ですが今思うと、自分の心の奥にある「何をしたいのか？」をシンプルに考えれば挑戦する意欲も湧き、乗り越えた先に貴重な経験値を得たことを喜べるのだと思います。

岡井社長がこの著書の中で述べている考え方は、〝利他的であることが大切〟ということだと思います。まわりのスタッフを思いやり、彼女らの笑顔が増えることでお客さまへのサービスも向上してご満足頂けるサロンとなり、売上も後からついてくる……。

このサイクルを実感する中、まだまだ未熟者の私を支えてくれるスタッフのためにも、〝想い〟だけは大切に共有していきたいと思います。

最後にこのページをくださいました岡井社長、本社スタッフの皆さんのご厚誼に感謝申し上げます。

人生の転機

ドクターサポート株式会社エグゼクティブマネージャー

――坂本麻衣子

２０１１年、某ブランドショップで接客のお仕事をしていた時、岡井社長がお客さまとして来店されました。岡井社長はすごくオシャレな格好をしていて風格があり、普通の人とは違う印象でした。「何のお仕事をしている方だろう？　お医者様かな」とも思いましたが、話してみると気さくで優しく、結局何者なのかわかりませんでした(笑)。

その後、ディオーネ新大阪店Premium（直営1号店）がちょうどオープンするタイミングで、お店に飾るオブジェを探しに来られたとのことがわかりました。「こんな気さくな社長さんいるんだな」と漠然と思ったのを覚えています。

岡井社長を簡潔に言い表すのは難しいですが、言ってみると心の広くて深い、すごく気配りができる人です。「なんでこんなことまでやってくれるの⁉」と思うぐらい、社員はもちろん、社員の家族、友人まで思いやってくれます。

例えば、そのブランドショップで働いていた頃、ご購入頂いたお客さまにはお礼状を書く規則でしたので、岡井社長にもお礼のお手紙を書いたことがあります。岡井社長は私のお礼状にとても感動してくれたようで、お返事のお手紙をくれました。まさかお返事が来るとは思っていなかったのでびっくりしました。そのようなお返事を頂いたのは、後にも先にも岡井社長ただお1人です(笑)。

ご縁があって岡井社長の元で働くようになり5年が経ち、今でこそ現在の職も板についてきましたが、入社当初は美容業界未経験でたくさん苦労もしました。

業界未経験でやる気だけある何もわからないド新人な私を、岡井社長は入社2ヶ月でマネージャーへ抜擢してくださったことがあります。どうして私が選ばれたのか理解できず、不安でたまらず、「私には無理です！　まだマネージャーなんてできません！」と訴えたことがあります。それを聞いた岡井社長は「絶対大丈夫や！　やりたいこと思いっきりやって最高のサロンを作ったらええ！　失敗もいっぱいしたらええ。何があっても僕がおる！」と力強く言ってくれました。それを聞いて、特に根拠はなかったのですが気持ち

株式会社グラント・イーワンズ10周年パーティーが開催されたハイアットリージェンシーにて。応援団長を務めた岡井社長（左）と私（右）

がすっと楽になり、「あ、私、大丈夫だ！　できそう！」と考えることができました。岡井社長に抜擢頂いたことは今では私の自信となり、このことは生涯忘れられないエピソードです。岡井社長との出逢いはまさに私の人生の転機でした。岡井社長の元で働いたこの5年間で私の人生と価値観は大きく変わり、これは5年前の自分からは想像もできないことです。共に歩んできたこの5年間で、スタッフ1名&マンションの小さな一室で始まった『ディオーネ』のハイパースキン脱毛は、〝安心〟〝安全〟〝痛くない〟おまけに美肌も叶えられるという特徴がクチコミで広まり、今では全国120の地域に広がりました。縁と恩（出逢いと人）を大切にする岡井社長の姿勢がなければ、実現していなかったと思います。ディオーネブランドを設立された尊敬する岡井社長と素晴らしい仲間たちとこの喜びを共有できたことは本当に幸せです。

コトが成るのは全て〝想い〟1つだと思います。〝何をするか？〟ではなく〝何を想うか？〟。この5年間で感じたのは全て〝愛が原点である〟ということです。愛がなければ人類はここまで大きく栄えてはいません。愛のない国では互いが奪い合うことを繰り返し、いずれは滅びていくと思います。

神様が人間に平等に与えてくださったものが3つあり、それは〝時間〟〝愛（想い）〟〝言葉〟です。それを誰の為にどう使うか、魅力のある人というのはそこを非常に大切にしていると思います。

私自身も〝時間〟〝愛（想い）〟〝言葉〟を大切にすること。また、自分に与えられるものの全ては決して〝当たり前〟ではなく、〝有り難いこと〟。感謝が溢れ出すこの気持ちを大切に、これからも岡井社長のもとで〝志事〟に全力投球していきます！

いまどき希有な人情味経営者

株式会社グラント・イーワンズ取締役副社長　兼　販売戦略最高責任者
LaLa Collection 代表取締役社長

――百合本知子

岡井社長のことは弊社の製品を取り扱って頂くお取り引き先として知りました。初めは岡井社長の従業員の方とお会いしたのですが、会う方が皆岡井社長のことを楽しそうに話すので、こんなに社員に愛されている社長いるんだな、と素直に感じたことを覚えています。

そして初めてお会いした時、男っぽくて豪快、「やんちゃ坊主がそのまま大きくなりました！」という人間性が強く印象に残りました。

ただ接してみると、本当に愛情深い面も持っていることがわかります。２０１６年４月14日に熊本地震が起こりましたが、その際率先して募金活動を行い、自身が現場に立って人一倍声を張り上げて募金を募っていました。また、被災者の方を勇気づけるメッセージをビデオに収録してまめに現地に送られており、その行動力と優しさに胸を打たれました。

岡井社長の魅力を挙げれば〟情熱的〟〟純粋〟〟一生懸命〟〟愛情深い〟〟人間くさい〟〟涙もろい〟〟男気がある〟〟一本筋が通っている〟〟優しい〟〟面倒見が良い〟〟親分肌〟などきりがないですが、大げさではなくその通りなので実際にお会いしてみるのが良いでしょう。

岡井社長のような経営者は最近ではお見かけすることが少なくなりました。日本の高度経済成長期には、岡井社長のような豪快で面倒見がよく親分肌、それでいて優しくて涙もろい人間味溢れる男たちがこの日本の経済をリードしてきたように思います。

『ディオーネ』が伸びていることを考えると、このような経営者は時代が変わっても求められるものなのだと感じます。岡井社長の持つ〟人を巻き込む力〟と〟影響力〟でこれからの日本経済を引っ張っていってくれることを願っています。

Epilogue

エピローグ

57年間の人生を振り返って

本書を最後まで読んでくださって、本当にありがとうございました。

僕は幼少時代、親には反抗ばかりして随分と苦労をかけました。そんな両親も父親は85歳で母親は86歳。二人とも大病を患った事もありましたが、今は元気に暮らしてくれています。

そんな両親にまだまだ恩返しは出来ていませんが、僕が同じ志を持つたくさんの仲間と楽しく〝志事〟をしている姿を見てもらう事が親孝行のひとつではないかと思っています。

人生は誰と出会い誰と縁を持つか？　これ次第で同じＤＮＡを持った人でも、社会に貢献して名を残す人生を歩むのか、人に迷惑をかけて罪を償う人生を歩むのか、全く変わってきます。

人が人として成長していく最大のポイントは、運のある人・伸びている会社と自分が関わることだと思います。
しかしながら、相手も人や会社を選ぶ権利があります。ですので自分もそういった人や会社から選ばれ、好きになってもらえて愛される自分でいないと長続きはしません。

人生の師と仰ぐ稲井田章治社長（右）との一枚。

この書籍に書かせて頂いた話の中に株式会社グラント・イーワンズという会社が度々登場しましたが、僕はこの株式会社グラント・イーワンズ稲井田章治社長のもとで人としての〟在り方“や、経営の〟在り方“を学ばせて頂いております。この本を読んで下さった皆さんの中でこれから事業を始めようとする人に向けて、株式会社グラント・イーワンズで行われる

人材育成のためのグラント・ステージアップセミナーで稲井田社長が僕に教えて下さった言葉をお伝えします。それは

「まず自分の会社の企業理念を、そして企業の使命・ミッション・ビジョン・価値観・行動指針を明確にして、形作ってみて下さい。そして、美学と品格を持ち、美しい心で人として正しいビジネスを始めて下さい」

というもので、「確かにその通りやな……」と深く感銘を受けたのを覚えています。自分は〝やってるつもり〟でも現実とかけ離れた結果しか出せていない人がたくさんいます。それはこの本で語った、商売人と事業経営者の違いや、経営者としてのスキル、リーダーシップの心構え、お金に好かれる人や、ＩＱ（知能指数）ではなくＥＱ（感情指数）つまりモチベーションの高いほうがリードできる等々の知識や経験が足りていないこともあるかと思います。究極は

・人を相手に仕事をするのではなく、天を相手に仕事をする

・目に見える物に振り回されるのでなく、目に見えないものを大切にする

そんな"心"をベースにした考え方を学び、自分の中で腑に落ち始め、意識が変わり、行動が変わり始めた結果が今の僕です。

何故、そんな風に変われたのか？　その答えは、"人よりも頭が良かったから"ではなく、"ビジネスの才覚があったから"でもなく、単純に**"素直だったから"**です。人間素直が一番ってことです。素直でないと頭にも心にも入ってきません。

"成功"のイメージは人によってさまざまです。しかし、真の"成功"は**お金のことをうまく忘れた**人間だけに訪れるものだと思います(ただし、超一流の成功者はやっぱりお金も時間もＦＲＥＥ)。

幸せに成功する人間……きっとその人は物事の本質を見抜く目を持っていて、それらを心穏やかに理解することが出来ているのだと思います。

"お金を忘れる"と、商売における価格は前提として無くなり、僕たち

が提供したサービスの質と量によって受け取る報酬が決まります。つまりお客さまに与えた満足度が高いほどより高い報酬が受け取れる、ということです。だから〝お金を忘れる〟とみんなが自社のサービスに没頭できるということで、少なくとも僕のまわりにいる人々はそんな仲間の集団だと思っています。

自分の仕事が大好きで大好きでたまらない。そんな人が集まりはじめると、とてつもなく大きなマンパワーとなり、〝HAPPYのぐるぐる渦巻き〟が発生。そのあとは〝ワクワク♪〟をみんなで楽しむだけです。

僕たちは人それぞれ、生まれてきた環境や関わった人々が違います。もし、皆さんがこれからの人生に迷った時はハートの声を聞いてください。自分は何が好きで何が本当に楽しいのか？　自分のハートに耳を傾けた時、何も聞こえてこなかったらそれはあなたが忙しくしすぎているということです。なぜなら〝忙しい〟の〝忙〟とは〝心〟を〝亡〟くすと書きますから。

そんな時こそ、自分のハートの声に耳を傾けてあげてください。その時に聞こえてきた声があなたのこれからの人生を導き、あなたの道を切り開いてくれることでしょう。

自分を取り巻く全ての人の声に耳を傾け、誠実に受け止めること。それがいずれ大きな助力となって自分自身に帰ってきます。その時、あなたはもう"人たらしのプロフェッショナル"と呼ばれていることでしょう。

最後に、本書を出版するにあたり、僕の人生や僕の仲間の人生を大きく好転させる学びの場を与えて下さった株式会社グラント・イーワンズ稲井田社長、百合本副社長、有限会社三蔵・三笠社長、有限会社福娘・中尾社長、グラントで出会った統括代理店の大勢の仲間たち。そして、本書出版にご尽力頂いたメディアス株式会社の今井健太さん。すべての皆様に感謝します！

そして最後の最後に……

「お父さん、お母さん。僕をこの世に産んでくれて本当にありがとう！！」

岡井秀元

あとがき

僕のこれまでの半生を綴った書籍『人たらしプロフェッショナル』は２０１６年12月２日に初版が発売されました。本を読む時間があれば友だちと飲み歩いていた僕なので、これまで執筆活動を行ったこともありませんでした。そんな０からのスタートの状態でしたが、編集担当者さんと意見交換しながら、なんとかこの本を世の中に送り出すことができたのです。

人生、半世紀も経てば様々な経験をしているようで、執筆にあたってエピソードをまとめているうちに１つ１つ乗り越えてきたことが頭に浮かんできました。そう考えると、０からのスタートと言いつつも、これまでの経験がしっかりと身になっていたのだと改めて感じることができました。

発売後、おかげさまで大きな反響を頂き、わずか２ヶ月で重版が決定し、第２版を発売する運びとなりました。関係各社の人たちは皆驚いて喜んでくれましたが、何より僕自身が一番驚いている次第です。

今回の出版にあたり、「今まで弊社を支え、応援して下さっている人たちに対して、感

ささやかなパーティーにも関わらず、お世話になった人たちが遠方からはるばる駆けつけてくれました。素敵なメンバーに囲まれ、結果的には僕が一番喜んでいるのでは（笑）

謝の気持ちや〝ありがとう〟を形にしたい！」との声が坂本麻衣子を中心として、社内のみんなから上がりました。そこで僕の発想ではありませんでしたが、２０１６年12月16日、インターコンチネンタル大阪にてささやかな出版記念パーティーを開催させて頂いたのでした。

実はこの出版記念パーティーは僕へのサプライズの意図もあったようで、その構成や進行内容の全てが僕にはシークレットで進められ、事前に指示を受けたのは1時間前に着付けのフロアーへ行き、用意された羽織袴に着替えて待機すること、ただそれだけでした。この出版記念パーティーはドクターサポート株式会社から関係者の皆さんに向けた感謝の気持ちであることは当然ですが、スタッフのみんなからの僕への〝ありがとう〟の気持ちでもあったのです。

そして始まった出版記念パーティーでしたが、ご縁を頂いた皆さんがこのパーティーを最大限に盛り上げ、そして楽しんでくれました。その様子を見ていて、ここに集まってくださった皆さんが何ものにも代えられない僕の〝大切な宝物〟であり、この仲間のおかげで今の弊社があるのだと改めて感じました。「成功も幸せも人から頂くもの」と言いますが、それはまさにこのことなんだな……と気づかされました。

すべては本当に〝人〟です。

子供の品格は親の品格であり、人（社員）の品格は企業の品格。
そして子供の成長は親の成長であり、部下の成長は上司の成長。
そして社員の成長が企業の成長です。

このことを踏まえ、これからもなお一層、僕を含め〝人の成長〟にエネルギーを注げる経営者になることが最大の役割だと学びました。
これからも〝支えてもらっている〟ことに感謝し、僕の今後の人生を通じてその感謝をたくさんの〝返謝〟に変えていけるように精進して参ります。